코딩과 함께하는
인공지능 첫걸음

한선관 류미영 정유진 이정원 이정진
장명현 강소아 박채은 한민영 저

Artificial Intelligence

YD 연두에디션
Edition

저자 약력

한선관
경인교육대학교 컴퓨터교육과 교수, 인공지능교육연구소 소장, 한국인공지능교육학회 회장
저서 '정보교육방법의 실제', '놀이로 풀어보는 암호 세상', '스크래치 마법 레시피', '소프트웨어교육', '소프트웨어교육방법', '창의컴퓨팅', '스크래치 3.0', '중학교 정보 교과서', '코딩 대탐험', '컴퓨터과학으로 배우는 코딩 여행' 등

류미영
경인교육대학교 컴퓨터교육 박사, 인공지능교육연구소 연구원, 인공지능교사협회 회장, 초등교사
저서 '소프트웨어교육', '소프트웨어교육방법', '창의컴퓨팅', '스크래치 3.0', '중학교 정보 교과서'

정유진
경인교육대학교 융합교육 석사, 인공지능교육연구소 연구원, 인공지능교육학회 회원, 인공지능교사협회 회원, 초등교사
한국과학창의재단 인공지능 융합프로그램 개발, STEAM 교육연구회 프로그램 개발, 교직원 대상 AI 연수 강사 활동, SW 교육 및 인공지능 관련 저서, 콘텐츠 번역 등에 참여

이정원
경인교육대학교 컴퓨터교육 석사, 인공지능교육연구소 연구원, 인공지능교육학회 회원, 인공지능교사협회 회원, 초등교사
SW 교육 선도학교 운영, STEAM 교육연구회 프로그램 개발, 한국과학창의재단 인공지능 융합프로그램 개발, 교직원 대상 SW 연수 강사 활동, SW 교육 및 인공지능 관련 저서, 콘텐츠 번역 등에 참여

이정진
경인교육대학교 융합교육 석사, 인공지능교육연구소 연구원, 인공지능교육학회 회원, 인공지능교사협회 회원, 초등교사
STEAM 교육연구회 프로그램 개발, 한국과학창의재단 인공지능 융합프로그램 개발, 원격교육 연수 강사 활동, 인천시교육청 정보교육지원단 활동, 인천남부 · 북부교육지원청 발명 영재 강사 활동, SW 교육 및 인공지능 관련 저서, 콘텐츠 번역 등에 참여

장명현
경인교육대학교 컴퓨터교육 석사, 인공지능교육연구소 연구원, 인공지능교육학회 회원, 인공지능교사협회 회원, 초등교사
SW 교육 선도학교 운영, STEAM 교육연구회 프로그램 개발, 한국과학창의재단 인공지능 융합프로그램 개발, 원격교육 연수 강사 활동, SW 교육 및 인공지능 관련 저서, 콘텐츠 번역 등에 참여

강소아
경인교육대학교 융합교육 석사 과정, 인공지능교육연구소 연구원, 인공지능교육학회 회원, 인공지능교사협회 회원, 초등교사
STEAM 교육연구회 프로그램 개발, 한국과학창의재단 인공지능 융합프로그램 개발, 서울중부교육청 융합정보 영재 강사 활동, SW 교육 및 인공지능 관련 저서, 콘텐츠 번역 등에 참여

박채은
경인교육대학교 컴퓨터교육 석사 과정, 인공지능교육연구소 연구원, 인공지능교육학회 회원, 다온교육 대표, 코딩 강사
2019 SW 에듀톤(Edu-thon)대회 멘토교사 과학기술정보통신부 장관상 수상, SW 교육 및 인공지능 관련 저서, 콘텐츠 번역 등에 참여

한민영
경인교육대학교 컴퓨터교육 석사 과정, 인공지능교육연구소 연구원, 인공지능교육학회 회원, 인공지능교사협회 회원, 초등교사
서울시교육청 SW 연수 강사 활동, 교직원 대상 SW 연수 강사 활동, SW 교육 및 인공지능 관련 저서, 콘텐츠 번역 등에 참여

코딩과 함께하는

인공지능 첫걸음

코딩과 함께하는
인공지능 첫걸음

발행일 2020년 7월 20일 초판 1쇄
지은이 한선관 · 류미영 · 정유진 · 이정원 · 이정진 · 장명현 · 강소아 · 박채은 · 한민영
펴낸이 심규남
기 획 심규남 · 이정선
표 지 이경은 | **본 문** 이경은
펴낸곳 연두에디션
주 소 경기도 고양시 일산동구 동국로 32 동국대학교 산학협력관 608호
등 록 2015년 12월 15일 (제2015-000242호)
전 화 031-932-9896
팩 스 070-8220-5528
ISBN 979-11-88831-49-4
정 가 21,000원

이 책에 대한 의견이나 잘못된 내용에 대한 수정 정보는 연두에디션 홈페이지나 이메일로 알려주십시오.
독자님의 의견을 충분히 반영하도록 늘 노력하겠습니다.
홈페이지 www.yundu.co.kr

프로젝트 예시 파일은 출판사 홈페이지에서 다운받을 수 있습니다.

PREFACE

모두를 위한 인공지능,
손에 잡히는 인공지능,
코딩으로 이해하는 인공지능!!

인공지능이 세상의 모든 것을 갈아 치우고 있습니다.

인공지능만큼 신기하고 놀라운 파괴적 기술은 주변에서 찾아보기 어려운 세상이 되었습니다. 인공지능을 이해하고 개발하는 능력 그리고 활용하여 문제를 해결하는 능력은 지능 중심의 미래사회에서 꼭 필요한 소양 능력이 되고 있습니다.

하지만 이론과 공식 그리고 글로만 설명하는 인공지능은 전문가가 아니라면 이해하기 매우 어렵습니다. 기술적으로 복잡하고 난해한 수학과 융합적 학문이 접목된 분야가 인공지능 영역이기 때문입니다. 그렇다고 쉽게 포기하기는 이릅니다.

우리는 새로운 호모파베르(Homo Faber)입니다. 만드는 행위로 학습합니다.
우리는 새로운 호모루덴스(Homo Ludens)입니다. 놀이를 즐기며 발전합니다.
우리는 새로운 호모사피엔스(Homo Sapiens)입니다. 생각을 통해서 성장합니다.

인간은 손으로 직접 만들어보고 흥미롭게 놀아보면서 자연스럽게 생각을 하게 됩니다. 지능을 사용하며 사고력을 확장하게 됩니다. 바로 이 방법을 사용하면 됩니다. 인공지능을 직접 만들어보고 가지고 놀면서 활용하는 방법은 인공지능을 이해하는데 효과적인 방법입니다. 코딩이 바로 그 역할을 합니다.

MIT에서 개발한 스크래치(Scratch)와 엠블록(M-Block)을 이용하면 복잡한 코딩의 과정 없이도 초보자가 손쉽게 인공지능을 만들 수 있습니다. 자신이 만든 프로그램으로 놀아보면 자연스럽게 문제를 해결하는 능력이 생기고 인공지능을 깊게 이해하게 됩니다.

이 책은 초보자라도 코딩을 통해 손쉽게 인공지능을 이해하도록 돕고 전문적인 AI 개발 역량을 갖도록 도와줍니다. 그리고 인공지능의 기술을 활용하여 실생활의 문제를 해결하는 경험을 제공하여 세상을 바라보는 시각과 미래를 준비하는 기회를 제공합니다.

이 책을 학습하기 위해 기본적인 코딩 지식이 필요하지만 스크래치 프로그램은 매우 쉬운 명령블록형 언어이기 때문에 처음 접한 사람들도 쉽게 배울 수 있습니다. 이 책에서 안내하는 순서대로 따라 하다보면 기계가 학습을 하게 만들고 새로운 것을 추론하거나 결정을 하도록 하며 눈과 같은 감각기관처럼 세상을 인식하게 할 수 있습니다.

우선 기본 명령을 가볍게 실습해보고 이후에 인공지능의 인식 기능을 이용하여 글자, 그림, 행동, 나이, 음성, 감정 등의 프로그램을 개발해보세요. 그리고 데이터를 이용하여 머신러닝(Machine Learning)을 구현해보면 인공지능이 무엇인지, 할 수 있는 것과 불가능한 것을 자연스럽게 알게 됩니다.

인공지능을 너무 어렵게 생각하지 말고 편하고 즐겁게 접근했으면 좋겠습니다. 이 책을 통해 호모파베르처럼 직접 만들어보고, 호모루덴스처럼 재미있게 놀아보고, 호모사피엔스처럼 생각을 하기 바랍니다. 그런 과정을 반복하다보면 호모사피엔스사피엔스(Homo sapiens-sapiens)가 되어 인공지능에 관한 생각을 통해 자신을 성찰하고 현재의 사회 현상과 미래의 변화를 깊이 있게 이해하는 여러분이 되어 있을 것입니다.

2020년 6월 30일
인공지능교육연구소에서
저자 일동

CONTENTS

PART 1   인공지능과 코딩을 위한 기초 지식

PART 2   코딩과 함께 하는 인공지능

인공지능과
코딩을 위한 기초 지식

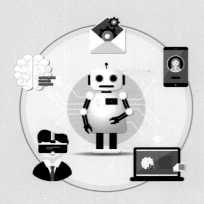

CONTENTS

1 인공지능을 만드는 방법

우리 주변의 인공지능을 살펴보면 자율주행 자동차, 로봇, 인공지능 스피커 등을 어렵지 않게 찾아 볼 수 있다.

인공지능은 인간의 지능을 기계에 구현하는 기술이다. 주로 컴퓨터를 사용하여 인간과 비슷한 생각을 하거나 행동을 하는 것을 목표로 하고 있다. 인간의 지능적 행동은 다음과 같이 설명할 수 있다.

- **학습한다** : 외부로부터, 부모로부터, 선생님으로부터, 책을 통해 배운다.
- **결정한다** : 자신에게 유리한 것을 선택하기 위해 결정한다.
- **예측한다** : 앞으로 일어날 일에 대해 예측하여 준비한다.
- **인지한다** : 시각이나 청각, 후각, 미각, 촉각 등의 감각 기관을 통해 현재 처한 상황을 인식하고 지각한다.

이 책에서는 기계가 인간의 지능적 행동을 인공지능으로 구현하고자 할 때 사용하는 프로그램을 직접 작성해 볼 수 있도록 해준다. 스크래치는 인공지능을 아주 쉽게 구현 할 수 있는 코드를 제공한다. 이러한 인간의 지능적 행동을 아래와 같은 기능으로 직접 구현해 볼 수 있다.

인식

인식 서비스
개발자: **mBlock**
인지 서비스 API를 사용하면 비디오, 음성, 언어 및 지식과 같은 다른 기능을 추가 할 수 있습니다.

+ 추가

기계학습

기계학습
개발자: **mBlock**
기계 학습을 사용하면 프로그래밍할 필요는 없지만, 컴퓨터가 학습하여 일을 배우고 인간의 두뇌와 유사한 인공 신경 네트워크

+ 추가

데이터처리

데이터 차트
개발자: **mBlock**
이 확장을 사용 하 여 데이터를 시각화할 수 있습니다. 차트는 긴 단어 보다 더 크게 말한다.

+ 추가

자료 저장

사용자 클라우드 메시지
개발자: **mBlock**
클라우드 메시지 확장을 사용하면, 계정의 데이터를 다양한 기기와 프로젝트로 동기화할 수 있습니다.

+ 추가

시각적 표현

펜
개발자: **Scratch**
당신의 스프라이트를 그립니다.

소리의 표현

음악
개발자: **Scratch**
악기와 드럼을 연주합니다.

자연의 데이터

기후 데이터
개발자: **mBlock**
확장은 실시간 기후 데이터에 대한 빠른 액세스를 제공 합니다.

자료 저장

업로드 모드 브로드캐스트
개발자: **mBlock**
이 확장을 추가 하 여 장치가 업로드 모드에서 스프라이트와 상호작용할 수 있도록 합니다.

자료의 정리

Google 스프레드시트
개발자: **mBlock**
이 확장을 사용 하면 mBlock을 사용 하 여 Google 시트에 데이터를 입력 할 수 있습니다. (Google 서비스 지역 에서만 사

+ 추가

프로그래밍 코드

스크래치2 블록
개발자: **mBlock**
A collection of blocks that you can't find in Scratch 3.

+ 추가

인공지능 서비스

AI Service
개발자: **mBlock**
AI service to recognize images, texts, speeches, human body, and process natural language.

+ 추가

영상 처리

Video Sensing
개발자: **Scratch**
Sense motion with the camera.

+ 추가

하드웨어 처리	글자 말하기	번역하기	문자 인식

Makey Makey
개발자: Scratch 🖥 ▭
Make anything into a key.

Text to Speech
개발자: Scratch 🖥 ▭ 📱
Make your projects talk.

Translate
개발자: Scratch 🖥 ▭
Translate text into many languages.

一个汉字
开发者: tongsen 🖥 ▭
介绍了一个汉字的笔画书写顺序，用户可以通过设定汉字，然后使用相关的积木配置书写时的属性，比如偏旁的颜色、每一个

2 인공지능을 위한 기초 지식

첫째, 컴퓨터 과학을 잘 알고 있어야 한다.

컴퓨터 과학을 이용한다는 것은 컴퓨터의 구조와 특징을 알고, 소프트웨어를 개발하여 데이터를 활용하고, 사용자인 사람들의 특징을 이해해야 한다는 것을 의미한다.

둘째, 코딩으로 구현할 줄 알아야 한다.

기계를 자동적으로 제어하기 위해서는 코딩을 이용해야 하며, 인공지능 역시 코딩으로 구현된다.

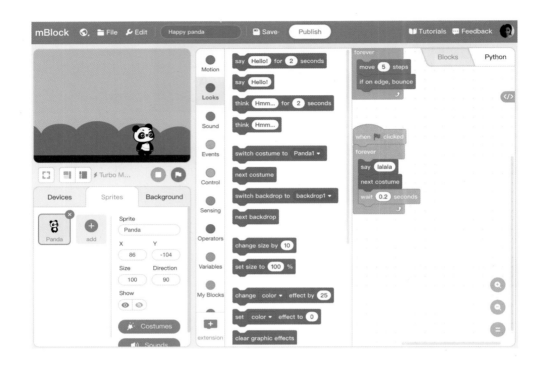

셋째, 창의적인 아이디어가 필요하다.

인공지능을 사용하고 개발하는 이유는 인간의 복잡한 문제를 해결하기 위해서이다. 이러한 문제해결에는 사람의 창의적인 아이디어가 필요하다. 우리가 창의적으로 생각해야만 문제를 효율적으로 해결할 수 있는 똑똑한 기계를 만들 수 있다.

이 책을 통해 인공지능을 이해하고 재미있는 코드를 개발해보자. 자신의 창의적인 아이디어를 발휘할 수 있는 실습을 통해 인공지능에 쉽게 다가갈 수 있을 것이다.

3   인공지능 상식

컴퓨터 과학의 아버지라 불리는 튜링은 기계가 사람처럼 생각할 수 있다고 인공지능에 대한 가능성을 처음으로 주장한 사람이다. 1950년 앨런 튜링은 인공지능을 판별하기 위해 튜링 테스트를 제안하였는데 컴퓨터로부터의 반응을 인간과 구별할 수 없다면 그 컴퓨터는 생각할 수 있는 것이라고 하였다.

[앨런 튜링]

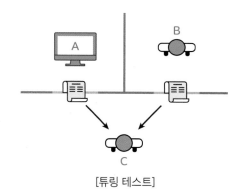

[튜링 테스트]

튜링 테스트

위 그림에서 A는 컴퓨터, B는 사람, C는 심사자이다. 심사자는 A와 B를 볼 수 없으며 문자로만 대화를 주고 받을 수 있다. 대화를 주고 받으며 심사자가 A와 B중 누가 사람인지 구별할 수 없을 경우 A와 B 둘 다 인간처럼 생각할 수 있는 것으로 판정하는 것이다.

처음으로 인공지능(Artificial Intelligent, AI)이라는 용어를 만든 사람은 마빈 민스키이다. 1956년 다트머스 회의에서 인공지능 분야를 만들고, 1958년 MIT 대학에 인공지능 연구소를 존 매카시와 공동으로 설립하여 인공지능 분야를 개척한 선구자이다.

[마빈 민스키]

컴퓨터 과학자들은 지능을 구현하기 위해 먼저 인간의 뇌구
조를 모방하였다. 인간의 뇌는 뉴런이라고 불리는 신경으
로 이루어져 있으며 이러한 신경이 연결된 구조를 신경망이
라고 한다. 신경망의 연결된 구조가 모이면 뇌가 된다. 뇌는
외부로부터 받은 자료를 감각 기관을 통해 입력받는다. 뇌
는 신경망을 통해 문제를 해결하기 위해 작동한다. 신경망
의 결과는 신체의 움직임과 소통으로 출력하여 표현하고 움
직인다.

이러한 뇌의 구조와 작동 방법을 인공지능의 구현 방법으로
적용했던 사람이 바로 로젠 블랫이다. 1957년 로젠 블랫은
신경망이 정보를 처리하는 방식을 컴퓨터로 구현할 수 있는
퍼셉트론(Perceptron)을 발표하였다.

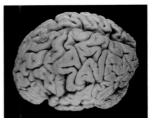

[로젠 블랫]

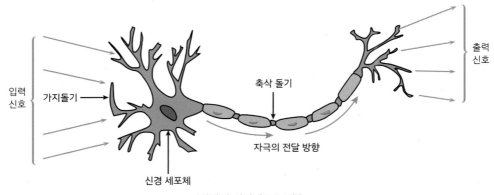

[사람의 신경세포(뉴런)]

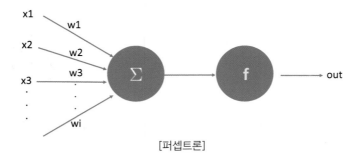

[퍼셉트론]

하지만 퍼셉트론이 해결할 수 없는 문제를 민스키가 제기함으로써 로젠 블랫의 인공지능 연구는 한계점을 맞게 되었고, 인공지능은 1차 겨울이라는 침체기에 빠지게 된다.

신경망에 대한 연구는 극소수 학자들에 의해 명맥을 유지하다가 21세기에 들어 성과를 내놓기 시작했다. 2006년 캐나다 토론토대학의 제프리 힌튼 교수가 딥러닝이라 불리는 심층 신경망을 개발하였다. 딥러닝은 기계학습의 하나로 빅데이터의 증가와 컴퓨팅 성능의 급진적인 향상, 네트워크의 빠른 속도로 인해 그 기술의 구현이 가능하게 되었다.

[딥러닝의 거장들- 리차드 서튼, 제프리 힌튼, 요슈아 벤지오]

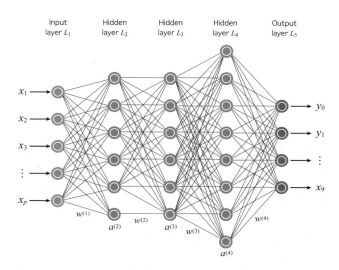

[제프리 힌튼과 딥러닝의 구조]

2012년 이미지 인식 분야의 경진대회인 이미지넷(IMAGENET)에서 제프리 힌튼이 이끌었던 수퍼비전팀은 딥러닝을 적용한 알렉스넷(Alexnet)으로 우승을 하였다. 이미지 인식의 오류율을 16.4%로 기록하였고, 이미지넷에 참여하는 모든 참가자들이 딥러닝 방식을 적용하여 2015년에 사람의 오류율(5.1%)보다 뛰어난 3.57%의 오류율을 달성했다.

[무수한 이미지들]

인공지능의 기술이 개발되면 사람과의 대결로 그 능력을 입증하곤 하였다.

인공지능과 사람의 첫 대결은 IBM에서 체스 게임 용도로 만든 컴퓨터인 딥블루와 체스 챔피언인 가리 카스파로프의 체스 경기였다. 1996년 1차 경기에서는 가리 카스파로프가 이겼으나 1997년 2차 대결에서는 딥블루가 승리를 하였다.

이후 IBM은 사람처럼 묻고 답할 수 있는 인공지능 컴퓨터 시스템인 왓슨 (Watson)을 개발하고 2011년 퀴즈 쇼 제퍼디에 참가하여 우승을 거머쥐었다.

[딥블루와 왓슨의 인간과의 경기 장면]

2016년 구글의 딥마인드는 인공지능 바둑 프로그램인 알파고를 개발하여 세계 최상위급 프로 기사인 이세돌과 경기를 하여 승리하였다.

이러한 인공지능 기술은 게임뿐만 아니라 다양한 분야에서 활용되고 있다.

구글은 무인자동차에 인공지능 시스템을 적용하여 컴퓨터가 운전에 필요한 다양한 정보를 얻은 후 이를 해석해 의사결정을 내리며 운전할 수 있는 기술을 개발하고 시험 주행에 성공하였다.

소프트뱅크사에서 개발한 휴머노이드 로봇인 페퍼는 사람의 감정을 인식하는 로봇이다. 시각, 청각, 촉각 센서를 통해 사람의 표정과 목소리 변화를 감지하여 행동을 결정하고 말을 건네기도 한다.

[구글의 무인자동차와 소프트뱅크사의 페퍼 로봇]

인공지능은 이제 사람의 창의적인 영역까지 넘보고 있다. 아래 그림은 인공지능 화가인 딥드림이 그린 그림이다. 딥드림은 이미지의 패턴을 찾아서 과도하게 이미지를 처리하여 꿈 같은 효과를 만들어낸다.

[딥드림이 그린 이미지]
출처 : https://deepdreamgenerator.com/

인간의 능력을 뛰어넘는 인공지능의 급격한 발전은 미래 사회의 핵심기술이지만 인간과 인공지능이 함께 공존해야 할 사회에서 요구되는 법과 윤리적인 규범의 필요성을 제기하고 있다.

1942년 아이작 아시모프는 자신의 공상과학소설에서 로봇의 3원칙을 제시하였다.

- **제1원칙**: 로봇은 인간에게 해를 입혀서는 안 된다. 그리고 위험에 처한 인간을 모른 척해서는 안 된다.
- **제2원칙**: 제1원칙에 위배되지 않는 한, 로봇은 인간의 명령에 복종해야 한다.
- **제3원칙**: 제1원칙과 제2원칙에 위배되지 않는 한, 로봇은 로봇 자신을 지켜야 한다.

최근에는 각 나라별, 기업별, 학회별로 인공지능 윤리 지침을 제정하고 실천하기 위해 노력하고 있다.

유럽연합 집행위원회의 AI 가치	MS의 AI가 존중해야 할 가치
인간의 주체성	신뢰성
안전성과 정확성	포용성
사생활 보호와 데이터에 대한 인간의 통제권	사생활 보호와 보안
투명성	투명성
다양성과 비차별성, 공정성	공정성
책임성	책임성
환경적, 사회적 행복	

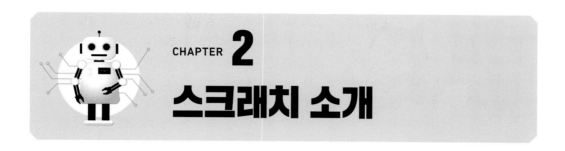

1 스크래치 소개

스크래치는 미국 MIT대학의 미디어 연구에서 개발한 교육용 프로그래밍 언어이다. 기존의 프로그래밍 언어는 영어로 만들어져 타이핑 하거나 문법을 정확하게 맞춰야 해서 학생들이 코딩하기에 매우 어려웠다. 하지만 스크래치는 한국어로 언어를 선택하여 볼 수 있기 때문에 명령어를 쉽게 이해할 수 있으며, 모양이 레고 블록처럼 제작되어 있어 블록을 서로 조립하듯이 다른 블록에 연결하여 프로그래밍할 수 있다. 그래서 프로그래밍 경험이 전혀 없는 아이들도 쉽게 배울 수 있다는 장점을 가지고 있다.

[스크래치 첫 화면]

스크래치는 DJ가 동그란 레코드판을 앞뒤로 움직여 DJ만의 소리를 만들어내는 것에 착안하여 스크래치에서도 다양한 블록을 이용하여 새로운 것을 만든다는 의미로 이름을 지었다고 한다.

스크래치의 좌우명은 '상상하라, 프로그래밍하라, 공유하라'이다. 이것은 스크래치 프로젝트를 만드는 기본 원칙을 따른 것으로 자신이 상상하고 생각한 것을 스크래치로 만들고, 만든 것을 커뮤니티에 올려 함께 공유하자는 것이다.

스크래치에서는 블록 기반의 프로그래밍을 사용해 이야기, 게임, 예술, 시뮬레이션 등을 제작할 수 있다.

2 엠블록 소개

엠블록은 과학, 기술, 공학, 예술 및 수학(STEAM)교육용으로 설계된 프로그래밍 소프트웨어이다. Scratch3.0의 소스를 바탕으로 블록기반의 프로그래밍 언어뿐만 아니라 텍스트 프로그래밍 언어로 파이썬이나 C언어를 지원하고 있다.

[엠블록 첫 화면]

엠블록은 아래와 같은 다양한 기능을 갖고 있다.

① 스크래치 프로젝트와 호환이 가능하다.

② 스마트폰이나 태블릿에서 앱을 다운로드 받아 코딩할 수 있다.

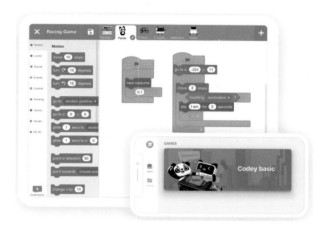

③ 코딩뿐만 아니라 마이크로비트나 아두이노 같은 하드웨어를 연결할 수 있는 피지컬 컴퓨팅 기능도 지원하고 있다.

micro:bit   Arduino Mega 2560   Arduino Yún   Arduino Uno   Arduino Micro   Arduino Leonardo

④ 카메라로 이미지를 인식하여 이를 학습할 수 있는 기계학습 모델을 만들고, Scratch 프로젝트에서 사용할 수 있다.

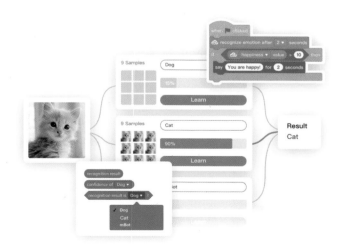

⑤ 음성 인식, 인쇄 및 필기 텍스트 인식을 포함하여 인공지능 기술이 담긴 블록을 활용할 수 있다.

⑥ 데이터 시각화, 사물 인터넷(IoT) 및 네트워크 통신을 사용하여 코딩할 수 있다.

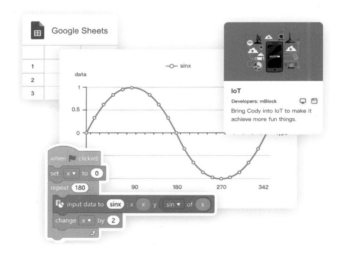

⑦ 만든 프로젝트는 구글 클래스룸을 이용해 업로드하고 공유할 수 있다. 파일에서 공유하기를 누르면 구글 클래스룸으로 업로드할 수 있으나 이것을 사용하기 위해서는 구글 계정으로 회원가입을 해야 한다.

3   엠블록 가입하기

① 엠블록 공식 웹 사이트로 접속한다. https://www.mblock.cc

② 오른쪽 상단의 곰모양의 그림을 클릭하면 로그인 또는 가입하라는 메시지가 뜬다.

③ 이메일 주소를 입력하고 16세 미만은 보호자 동의를 받는 과정을 거쳐야 한다.

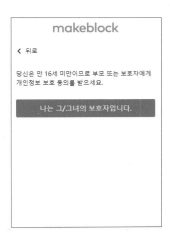

④ 암호를 입력하고, 입력한 이메일로 인증 번호가 담긴
메일을 확인하여 입력한다. 등록하기 버튼을 누르면
가입이 완료된다.

 * 엠블록 웹에서 AI추가블록이 잘 실행되지 않을 경
  우 엠블록 프로그램을 다운받아 사용하면 된다.

4   엠블록 스크립트 기능 사용

① **스크립트 복사** : 스크립트에 마우스를 올려놓고 마우스의 오른쪽 버튼을 눌러 복사를 클릭하면 똑같은 스크립트가 복사된다.

'스크립트'는 여러 개의 블록이 연결되어 하나가 된 뭉치를 말한다.
그리고 블록을 끌어와 다른 블록에 연결하는 것을 '드래그 앤드 드롭(Drag and Drop)' 방식이라고 한다.

② **주석 추가 기능** : 스크립트에 대한 설명을 작성할 수 있고, 왼쪽 상단의 검은색 삼각형을 클릭하여 주석을 크게 하거나 작게 할 수 있다.

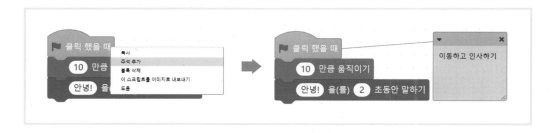

③ **블록 삭제** : 선택한 블록을 삭제할 수 있다.

④ **스크립트를 이미지로 저장하기** : 해당 스크립트를 이미지로 저장할 수 있다.

⑤ **되돌리기** : 코딩한 것을 한 단계 전으로 되돌릴 수 있다. 이 메뉴는 비어있는 창을 클릭해야 보인다.

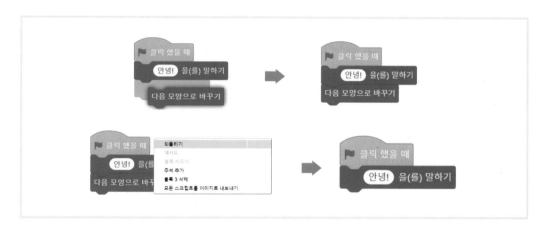

⑥ **블록 삭제** : 코딩화면에 나타나 있는 블록 전체를 삭제할 수 있다.

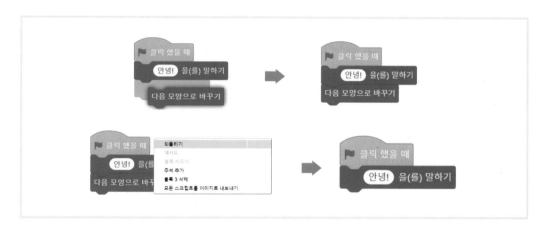

⑦ **모든 스크립트를 이미지로 저장하기** : 코딩한 모든 스크립트를 이미지로 저장할 수 있다.

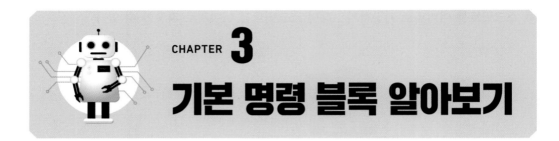

CHAPTER **3**
기본 명령 블록 알아보기

- 엠블록에서 꼭 알아야 하는 기본 블록들을 알아보자.
- 스프라이트 프로그래밍에 대해 알아보자.

1 스프라이트 추가하기

① 무대 아래에서 스프라이트 메뉴를 클릭하고 추가를 클릭한다.

기본 스프라이트는 'Panda'이며 스프라이트의 오른쪽 위에 있는 x를 클릭하여 삭제할 수 있다.

② 스프라이트 저장소에서 원하는 스프라이트를 선택하고 확인을 클릭한다.

③ 'Cat5'가 무대에 보인다.

2 스프라이트 이동하기

■ **스프라이트를 움직여보자.**

① 이벤트 블록 를 스크립트 영역으로 드래그한다.

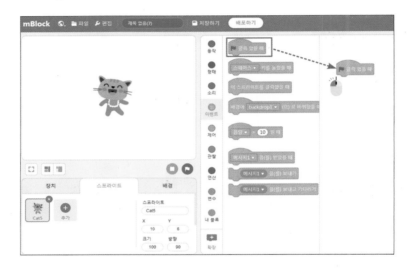

② 동작 블록 를 드래그하여 현재 블록 아래에 놓는다.

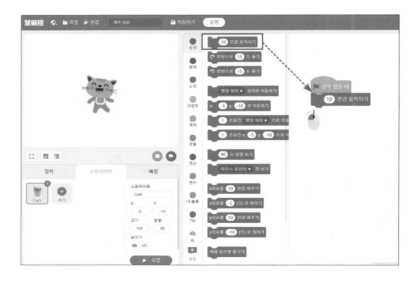

③ 무대 아래의 녹색 깃발을 클릭하면 Cat5가 움직인다.

3 스프라이트에 소리와 모양 추가하기

■ 스트라이프를 움직일 때 소리를 내도록 하거나 모양을 변경할 수 있다.

Ⅰ 소리 추가하기

① 스트라이프의 오른쪽 아래에서 소리를 클릭한다.

② 왼쪽 아래에서 소리 추가를 클릭한다.

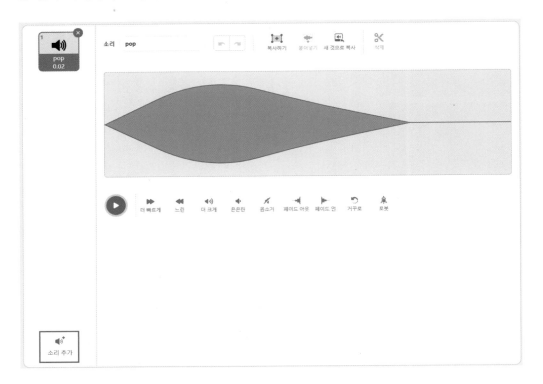

③ 원하는 소리를 선택하고 확인을 클릭한다.

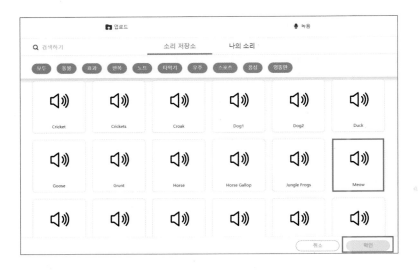

④ 선택한 소리가 소리 목록에 나타난다. 'X' 버튼을 클릭하고 이전 페이지로 이동한다.

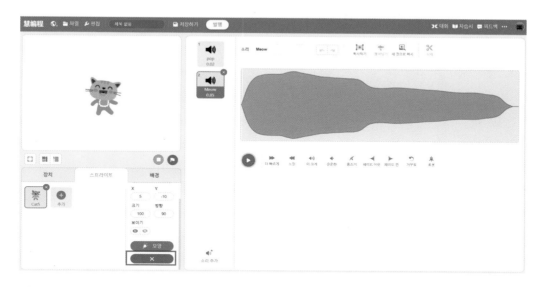

⑤ 소리 블록 [pop ▾ (을) 를 재생하기] 을 드래그하여 현재 블록 아래에 놓은 다음 화살표를 누른 다음 목록에서 'Meow'를 선택한다.

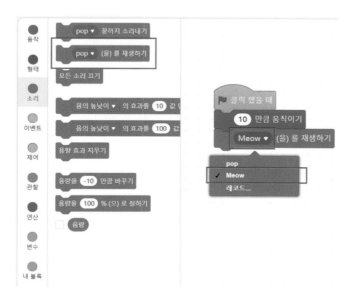

⑥ 무대 아래의 녹색 깃발을 클릭하고 소리를 확인한다.

2 모양 추가하기

① 스트라이프 탭에서 모양을 클릭한다.

② 왼쪽 아래에서 모양 추가를 클릭한다.

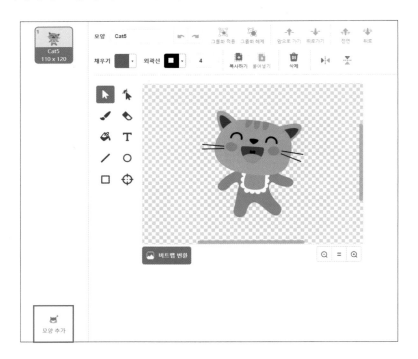

③ 원하는 모양을 선택하고 확인을 클릭한다.

④ 선택한 모양의 소리도 바꿀 수 있다. 'X' 버튼을 클릭하여 이전 페이지를 돌아간다.

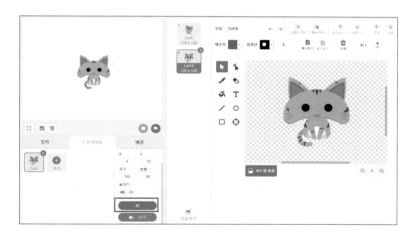

⑤ 형태 블록 **다음 모양으로 바꾸기** 를 드래그하여 현재 블록 아래에 놓는다.

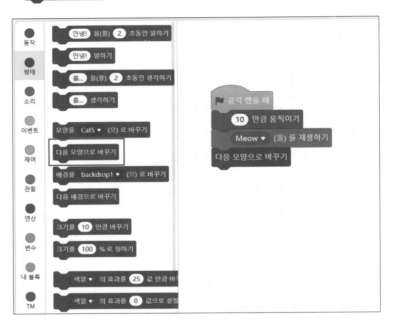

⑥ 무대 아래의 녹색 깃발을 클릭하고 모양을 확인한다.

4 스프라이트 페인트 활용하기

① 스프라이트 탭에서 추가를 클릭한다.

② 스프라이트 저장소에서 원하는 스프라이트를 찾을 수 없으면 나의 스프라이트에서 칠하기와 업로드를 이용할 수 있다.

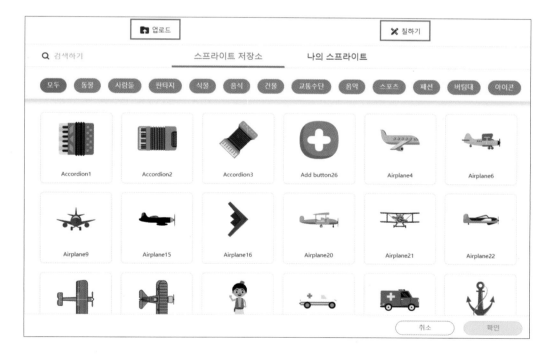

③ 그림 그리기를 하려면 칠하기를 클릭한 후 그림판에 그림을 그린다. 스프라이트의 이
   름과 모양의 이름 바꾼 후 'X' 버튼을 누른다.

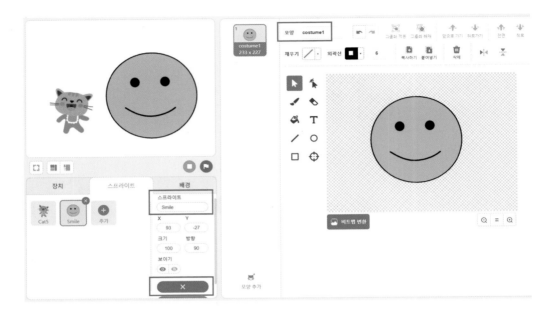

5 블록 알아보기

동작	기능 설명
10 만큼 움직이기	스프라이트를 설정한 값만큼 이동 방향으로 움직인다.
방향으로 15 도 돌기	스프라이트를 설정한 각도로 시계 방향으로 회전한다.
방향으로 15 도 돌기	스프라이트를 설정한 각도로 반시계 방향으로 회전한다.
랜덤 위치 ▼ 위치로 이동하기	스프라이트가 랜덤 위치, 마우스 포인터 위치 또는 스프라이트의 위치로 이동한다.
x: 210 y: 138 로 이동하기	스프라이트가 무대의 설정한 위치 (x, y)로 이동한다.
1 초동안 랜덤 위치 ▼ 으로 이동하기	스프라이트가 랜덤 위치, 마우스 포인터 위치 또는 스프라이트의 설정한 시간 동안 위치로 이동한다.
1 초동안 x: 210 y: 138 으로 이동하기	스프라이트가 설정한 시간 동안 무대의 지정된 (x, y)로 이동한다.
90 도 방향 보기	스프라이트가 설정한 방향을 보도록 한다.
마우스포인터 ▼ 쪽 보기	스프라이트가 마우스 포인터나 스프라이트를 향하도록 한다.
x좌표를 10 만큼 바꾸기	스프라이트의 x좌표를 설정한 값만큼 변경한다.
x좌표를 210 (으)로 정하기	스프라이트의 x좌표를 설정한 값으로 정한다.
y좌표를 10 만큼 바꾸기	스프라이트의 y좌표를 설정한 값만큼 변경한다.
y좌표를 138 (으)로 정하기	스프라이트의 y좌표를 설정한 값으로 정한다.
벽에 닿으면 튕기기	스프라이트가 무대의 벽에 닿으면 튕기게 한다.
회전 방식을 왼쪽-오른쪽 ▼ 로 정하기	스프라이트의 회전 방식을 설정한다.
x 좌표	스프라이트의 x좌표를 나타낸다.
y 좌표	스프라이트의 y좌표를 나타낸다.
방향	스프라이트의 현재 향하는 방향을 나타낸다.

형태	기능 설명
안녕! 을(를) 2 초동안 말하기	설정한 시간 동안 스프라이트 오른쪽 위에 지정된 텍스트를 말풍선으로 표시한다.
안녕! 을(를) 말하기	스프라이트 오른쪽 위에 설정한 텍스트를 말풍선으로 표시한다.
흠... 을(를) 2 초동안 생각하기	설정한 시간 동안 스프라이트의 오른쪽 위에 지정된 텍스트를 생각 풍선으로 표시한다.
흠... 생각하기	스프라이트 오른쪽 위에 설정한 텍스트를 생각 풍선으로 표시한다.
모양을 costume1 ▼ (으)로 바꾸기	스프라이트를 설정한 모양으로 바꾼다.
다음 모양으로 바꾸기	스프라이트의 모양 목록에서 다음 모양으로 바꾼다.
배경을 backdrop1 ▼ (으)로 바꾸기	무대 배경을 설정한 배경으로 변경한다.
다음 배경으로 바꾸기	무대 배경을 배경 목록의 다음 배경으로 변경한다.
크기를 10 만큼 바꾸기	스프라이트의 크기를 설정한 값만큼 변경한다.
크기를 100 % 로 정하기	스프라이트의 크기를 설정한 백분율로 설정한다. 기본 크기는 100%로 정의한다.
색깔 ▼ 의 효과를 25 값 만큼 바꾸기	스프라이트의 설정한 효과를 입력한 값만큼 변경한다. 색깔, 어안 렌즈, 소용돌이, 픽셀화, 모자이크, 밝기, 반투명의 효과를 사용할 수 있다.
색깔 ▼ 의 효과를 0 값으로 설정하기	스프라이트의 설정한 효과를 입력한 값으로 설정한다. 색깔, 어안 렌즈, 소용돌이, 픽셀화, 모자이크, 밝기, 반투명의 효과를 사용할 수 있다.
그래픽 효과 지우기	스프라이트의 그래픽 효과를 삭제한다.
보이기	무대에 스프라이트를 표시한다.
숨기기	무대에 스프라이트를 숨긴다.
앞 ▼ 번째로 물러나기	스프라이트의 앞 또는 뒤로 레이어를 이동한다.
앞으로 ▼ 으로 1 만큼 순서 바꾸기	설정한 레이어 수만큼 스프라이트를 앞뒤로 이동한다.
모양 번호 ▼	스프라이트의 현재 모양의 번호나 이름을 나타낸다.
배경 번호 ▼	스프라이트의 현재 배경의 번호나 이름을 나타낸다.
크기	스프라이트의 크기를 나타낸다.

소리	기능 설명
pop ▼ 끝까지 소리내기	설정한 소리가 끝날 때까지 재생한다.
pop ▼ (을) 를 재생하기	설정한 소리를 재생한다.
모든 소리 끄기	모든 소리 재생을 중지한다.
음의 높낮이 ▼ 의 효과를 10 값 만큼 바꾸기	음의 높낮이나 좌우 소리의 효과를 설정한 값만큼 바꾼다.
음의 높낮이 ▼ 의 효과를 100 값으로 설정하기	음의 높낮이나 좌우 소리의 효과를 설정한 값으로 설정한다.
음향 효과 지우기	모든 음향 효과를 지운다.
음량을 -10 만큼 바꾸기	설정한 양만큼 볼륨을 변경한다.
음량을 100 % (으) 로 정하기	음향을 설정한 백분율로 정한다.
음량	현재 음량을 나타낸다.

이벤트	기능 설명
클릭 했을 때	녹색 깃발을 클릭했을 때 그 아래에 연결된 블록들을 실행한다.
스페이스 ▼ 키를 눌렀을 때	키보드에서 선택한 키를 누를 때마다 그 아래에 연결된 블록들을 실행한다.
이 스프라이트를 클릭했을 때	스프라이트를 클릭했을 때 그 아래에 연결된 블록들을 실행한다.
배경이 backdrop1 ▼ (으) 로 바뀌었을 때	선택한 배경으로 바뀌었을 때 그 아래에 연결된 블록들을 실행한다.
음량 ▼ > 10 일 때	음량 또는 타이머 값이 지정된 값보다 큰 경우 그 아래에 연결된 블록들을 실행한다.
메시지1 ▼ 을(를) 받았을 때	설정한 메시지를 받았을 때 그 아래에 연결된 블록들을 실행한다.
메시지1 ▼ 을(를) 보내기	설정한 메시지를 보낸다.
메시지1 ▼ 을(를) 보내고 기다리기	설정한 메시지를 보내고 스프라이트가 동작을 완료할 때까지 대기한다.

제어	기능 설명
1 초 기다리기	설정한 시간만큼 기다린 후 다음 블록을 실행한다.
10 번 반복하기	설정한 횟수만큼 감싸고 있는 블록들을 반복해서 실행한다.
계속 반복하기	감싸고 있는 블록들을 계속 반복해서 실행한다.
만약 이(가) 참이면	특정한 조건이 충족될 때까지 감싸고 있는 블록들을 반복 실행한다.
만약 이(가) 참이면 아니면	특정한 조건이 충족될 때까지 첫 번째 칸을 감싸고 있는 블록들을 반복 실행하고 아니면 두 번째 칸을 감싸고 있는 블록들을 반복 실행한다.
까지 기다리기	특정한 조건이 충족될 때까지 대기한다.
까지 반복	감싸고 있는 블록들이 반복 실행하다 특정한 조건이 충족되면 실행을 중지한다.
정지 모두 ▼	해당 스프라이트를 정지한다. 모두, 이 스크립트, 스프라이트에 있는 다른 스크립트를 정지시킬 수 있다.
복제되었을 때	복제되었을 때마다 그 아래에 연결된 블록들을 실행한다.
나 자신 ▼ 을 복제하기	목록에서 선택된 스프라이트를 복제한다.
이 복제본 삭제하기	해당 복제본을 삭제한다.

관찰	기능 설명
마우스 포인터 ▼ 까지 거리	해당 스프라이트에서부터 마우스 포인터까지의 거리를 나타낸다.
색에 달았는가?	해당 스프라이트가 특정한 색에 닿았는지 감지한다.
색이 색에 달았는가?	해당 스프라이트가 첫 번째 칸에 선택한 색이 두 번째 칸에 선택한 색에 닿았으면 '참'을, 닿지 않았으면 '거짓'을 전달한다.
마우스 포인터 ▼ 에 달았는가?	해당 스프라이트에 마우스 포인터 혹은 벽이 닿았는지 감지한다.
당신의 이름은 무엇입니까? 묻고 기다리기	입력한 내용을 묻고 사용자가 입력한 값을 대답 블록에 저장한다.
대답	당신의 이름은 무엇입니까? 묻고 기다리기 블록에서 입력한 내용을 나타낸다.
스페이스 ▼ 키를 눌렀는가?	스페이스, 숫자, 영문, 화살표 키 등 특정한 키보드 키가 눌렀는지 감지한다.
마우스를 클릭했는가?	마우스를 클릭했는지 감지한다.
마우스의 x좌표	마우스의 x좌표를 나타낸다.
마우스의 y좌표	마우스의 y좌표를 나타낸다.
드래그 모드 설정 드래그 가능 ▼	드래그를 가능 또는 불가능으로 설정할 수 있다.
음량	현재 음량을 나타낸다.
타이머	타이머 값을 나타낸다.
타이머 초기화	타이머 값을 초기화한다.
배경 번호 # ▼ 의 무대 ▼	무대나 스프라이트의 지정된 값을 나타낸다.
현재 년 ▼	현재 년, 달, 일, 요일, 시, 분, 초를 나타낸다.
2000년 이후 현재까지 날짜수	2000년 이후 현재까지 날짜 수를 나타낸다.

연산	기능 설명
⬭ + ⬭	입력한 두 수를 덧셈으로 나타낸다.
⬭ - ⬭	입력한 두 수를 뺄셈으로 나타낸다.
⬭ * ⬭	입력한 두 수를 곱셈으로 나타낸다.
⬭ / ⬭	입력한 두 수를 나눗셈으로 나타낸다.
1 부터 10 사이 임의의 수	입력한 두 수 사이에서 무작위로 수를 선택하여 나타낸다.
⬭ > 50	왼쪽 값이 오른쪽 값보다 큰지 비교하여 참과 거짓을 나타낸다.
⬭ < 50	왼쪽 값이 오른쪽 값보다 작은지 비교하여 참과 거짓을 나타낸다.
⬭ = 50	왼쪽 값이 오른쪽 값보다 같은지 비교하여 참과 거짓을 나타낸다.
그리고	왼쪽과 오른쪽 조건이 모두 참일 때만 참을 나타낸다.
또는	왼쪽과 오른쪽 조건중 하나라도 참이면 참을 나타낸다.
아니다	조건이 참이면 거짓을, 거짓이면 참을 나타낸다.
사과 바나나 결합하기	입력한 두 개의 정보를 합쳐서 나타낸다.
사과 의 1 번째 글자	입력한 정보가 몇 번째 문자인지 나타낸다.
사과 의 길이	입력한 정보의 길이를 나타낸다.
사과 에 a 가 있는가?	입력한 첫 번째 정보에 두 번째 정보가 있다면 '참'을, 닿지 않았으면 '거짓'을 전달한다.
⬭ 나누기 ⬭ 의 나머지	입력한 두 수의 나머지를 나타낸다.
⬭ 반올림	입력한 정보를 반올림하여 나타낸다.
절대값 ▼ 의 ⬭	입력한 숫자의 연산 결과를 나타낸다. 절대값, 내림, 올림, 제곱근, sin, cos, tan, asin, acos, atan, ln, log, e^, 10^의 연산을 사용할 수 있다.

변수	기능 설명
변수 만들기	정보를 담아두는 그릇인 변수를 만들 수 있다. 변수의 값을 변경하거나 불러와서 사용할 수 있다.
변수	변수의 이름을 나타낸다.
변수 ▾ 을(를) 0 로(으로) 설정하기	변수를 지정한 숫자로 설정한다.
변수 ▾ 을(를) 1 만큼 증가시키기	변수를 설정한 양만큼 증가시킨다.
변수 ▾ 변수 보이기	무대에 변수 값을 보이도록 설정한다.
변수 ▾ 변수 숨기기	무대에 변수 값을 숨기도록 설정한다.

리스트	기능 설명
리스트 만들기	같은 종류의 자료를 모아 놓는 리스트를 만들 수 있다. 리스트를 만들면 그 아래에 여러 정보를 저장하고 사용할 수 있다.
리스트	리스트의 이름을 나타낸다.
리스트 ▾ 에 물품 항목을(를) 추가하기	입력한 항목을 선택한 리스트에 추가할 수 있다.
리스트 ▾ 에서 1 번째 항목을(를) 삭제하기	선택한 리스트 항목의 값을 삭제한다.
모두 삭제 리스트 ▾	선택한 리스트를 모두 삭제한다.
리스트 ▾ 에 1 을(를) 물품 번째에 삽입	선택한 리스트에 입력한 항목의 값을 삽입한다.
리스트 ▾ 에 1 번째 항목을 물품 로 바꾸기	선택한 리스트에 입력한 항목의 값을 바꾼다.
리스트 ▾ 의 1 번째 항목	선택한 리스트 항목의 설정값을 나타낸다.
항목 #의 물품 에 리스트 ▾	선택한 리스트 항목의 번호를 나타낸다.
리스트 ▾ 의 길이	선택한 리스트 항목의 길이를 나타낸다.

리스트	기능 설명
리스트 ▾ 의 물품	선택한 리스트에 입력한 항목을 나타낸다.
리스트 ▾ 리스트 보이기	선택한 리스트를 보여 준다.
리스트 ▾ 리스트 숨기기	선택한 리스트를 숨겨 준다.

1 변수 추가하기

① 변수 만들기를 누르고 새 변수 이름을 만든 후 확인을 누른다.

② 변수 만들기 하단에 점수라는 변수 관련 블록들이 생긴 것을 확인할 수 있다.

2 리스트 추가하기

① 리스트 만들기를 누르고 새 목록 이름을 만든 후 확인을 누른다.

② 리스트 만들기 하단에 리스트 관련 블록들이 생긴 것을 확인할 수 있다.

변수와 리스트의 차이?
변수는 입력받은 값을 메모리에 저장할 수 있는 공간을 말하며, 리스트는 입력받은 값을 항목으로 나열한 것이다.

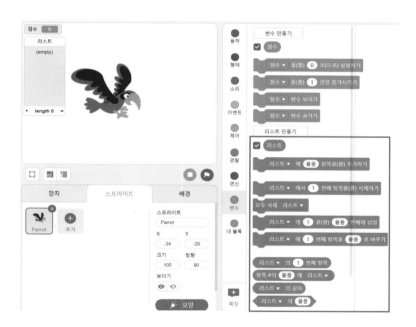

3 나만의 블록 만들기

내 블록	기능 설명
블록 만들기	하나의 블록으로 그 안에 들어간 여러가지 코드 값을 자유롭게 수정하여 사용할 수 있다.

① 블록 이름을 정하고 필요한 입력값을 추가하고 확인을 누른다.

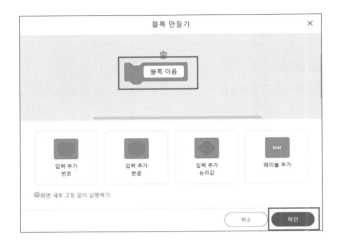

② 블록 만들기 하단에 나만의 블록이 생긴 것을 확인한다.

③ 생성된 나만의 블록  블록과 블록에 필요한 코드를 추가한다.

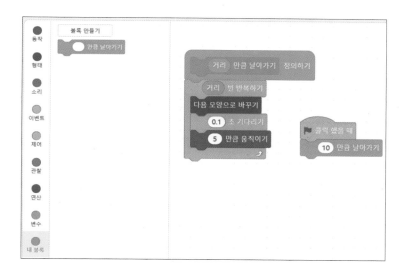

4 확장 블록 만들기

확장 블록은 기본 명령 외에 인공지능 기능을 가진 명령이나 비디오, 선 그리기, 피지컬 기기와 연결하기 위한 추가 명령 블록의 모음이다.

① 확장 블록을 사용하기 위해서는 명령어 모음 중 하단에 있는 🞧 모음을 클릭한다.

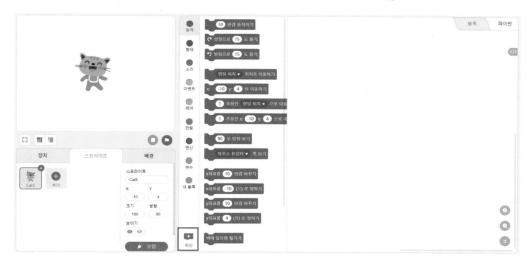

② 확장 명령 블록을 클릭하면 다음과 같이 다른 기능을 제공하는 확장 모듈이 있다.

③ 확장 센터에서 원하는 명령 모듈을 선택하여 사용한다.

P A R T   2

코딩과 함께 하는
인공지능

CONTENTS

CHAPTER 4
텍스트 인식하기

1 인공지능 소개하기

- 정해진 시간 동안 텍스트를 인식한다.
- 인식한 텍스트 결과를 출력한다.
  (결과 출력 확인을 위하여 결과를 확인할 수 있는 블록을 함께 사용한다.)

블록	기능 설명
인쇄 인식 영어 ▼ 후 텍스트 2 ▼ 초	카메라에 나타난 인쇄 텍스트를 인식한다. (7개 언어 가능, 인식 시간을 2, 5, 10초로 정할 수 있음)
필기 한 영어 텍스트 인식 2 ▼ 초	카메라에 나타난 영어 필기를 인식한다. (인식하는 시간을 2, 5, 10초로 정할 수 있음)
문자 인식 결과	'말하기', '동작', '소리' 등의 블록을 함께 사용하여 문자 인식 결과를 나타낸다.

2 인공지능 따라하기

 모듈 ① 인쇄된 텍스트를 인식하여 결과로 나타내기

- 스페이스 키를 누르면 아래의 블록이 실행된다.
- 카메라로 인쇄된 문자를 2초간 인식한다.
- 문자 인식 결과를 텍스트로 출력한다.

TRY IT

- 다양한 언어의 인쇄 텍스트를 인식해보자.
- 텍스트를 인식하는 시간을 조절해보자.
- 텍스트 인식 결과를 정해진 시간 동안 말할 수 있도록 바꿔보자.

모듈 ② 영어 필기를 인식하여 텍스트로 나타내기

- 스페이스 키를 누르면 아래의 블록이 실행된다.
- 영어 텍스트를 2초간 인식한다.
- 스프라이트가 문자 인식 결과를 텍스트로 출력한다.

TRY IT

- 자신이 알고 있는 다양한 영어 표현을 적어 인식해보자.
- 가족들이나 친구들의 글씨체를 인식해보자.
- 종이를 회전시켜도 인식이 잘 되는지 확인해보자.

3 인공지능 실험하기

> 영어를 보여주면 한국어로 읽어주는 개구리

인쇄된 영어 텍스트를 보여주면 한국어로 바꿔 말해주는 개구리의 모습이다. 앞에서의 모듈 ①에서 사용한 블록 외에 어떤 블록을 활용하면 좋을지 생각해보자.

Ⅰ   '번역' 확장 블록 생성하기

① 오른쪽 하단의 스프라이트를 선택 후 명령어 블록 하단의 '확장'을 클릭한다.

② 확장센터에서 'Translate'를 추가한다. ('Translate'는 '번역하다'를 뜻한다.)

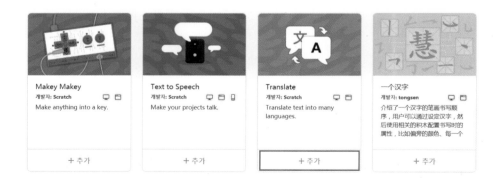

③ 'Translate' 블록이 생성되었는지 확인한다.

2   문자 인식 결과를 한국어로 번역하기

① 번역 블록에서 언어를 한국어로 바꿔준다.

② 문자 인식 결과를 한국어로 번역할 수 있도록 번역하기 블록 안에 삽입한다.

3 한국어로 번역한 문자 인식 결과 말하기

① '형태' 항목에서 ⬛⚪ 을(를) 말하기 블록을 가져온다.

② 완성된 번역 블록을 말하기 블록에 삽입한다.

```
번역하기  문자 인식 결과  받는 사람  한국어 ▼  을(를) 말하기
```

4 이미지 인식 블록과 결합하여 명령 블록 완성하기

```
스페이스 ▼ 키를 눌렀을 때
인쇄 인식  영어 ▼  후 텍스트  2 ▼  초
  번역하기  문자 인식 결과  받는 사람  한국어 ▼  을(를) 말하기
```

4 인공지능 개발하기

(1) 과일을 영어로 적어 보여주면 과일이 사라지는 게임을 만들어보자.

이렇게 해봐요!

- 화면에 보이는 과일의 영어 이름을 써보라고 물어봐요.
- 종이에 영어 이름을 쓰고, 카메라에 비추고 문자 인식을 시켜요.
- 인공지능이 인식한 문자가 맞으면 해당 과일의 그림이 사라져요.
- 화면에 보이는 과일의 영어 이름을 모두 맞혀 보아요.

사회자(코끼리) 스프라이트

사용 블록	기능 설명
① [깃발] 클릭 했을 때	1. 자신이 원하는 사회자 스프라이트를 선택하고 불러온다.
② ( ) 을(를) ( ) 초 동안 말하기	2. ① 블록을 사용하여 시작 신호를 정한다.
③ 스페이스 ▾ 키를 눌렀을 때	3. ② 블록을 사용하여 게임 설명을 작성한다.
④ 필기 한 영어 텍스트 인식 2 ▾ 초	4. ③ 블록을 사용하여 텍스트 인식을 시작하는 버튼을 정한다.
⑤ 문자 인식 결과	5. ④ 블록을 사용하여 영어 필기 텍스트를 인식하도록 한다.
⑥ ( ) 을(를) ( ) 초 동안 말하기	6. ⑤, ⑥ 블록을 사용하여 사회자 스프라이트가 인식 결과를 말하도록 한다.

<예시 답안>

[깃발] 클릭 했을 때
　과일의 이름을 영어로 써보세요. 을(를) ② 초 동안 말하기
　바르게 적었다면 과일이 사라질 거예요! 을(를) ② 초 동안 말하기
　스페이스를 누르면 카메라를 켤 수 있어요. 을(를) ② 초 동안 말하기

스페이스 ▾ 키를 눌렀을 때
필기 한 영어 텍스트 인식 2 ▾ 초
　문자 인식 결과 을(를) ② 초 동안 말하기

과일 스프라이트

사용 블록	기능 설명
① 클릭 했을 때	1. 자신이 원하는 과일 스프라이트를 선택하고 불러온다. 2. ① 블록을 사용하여 시작 신호를 정한다. 3. ② 블록을 사용하여 스프라이트가 보이도록 한다. 4. ③ 블록을 사용하여 텍스트 인식이 시작될 때 블록이 작동되도록 한다. 5. ④ 블록을 사용하여 필기 텍스트가 인식될 동안 기다리도록 한다. 6. ⑤, ⑥, ⑦ 블록을 사용하여 글자를 맞게 썼는지 확인하도록 한다. 7. ⑧ 블록을 사용하여 정답을 맞히면 스프라이트가 사라지도록 한다.
② 보이기	
③ 스페이스 ▼ 키를 눌렀을 때	
④ ◯ 초 기다리기	**<예시 답안>**
⑤ 만약 ◇ 이(가) 참이면	클릭 했을 때 보이기
⑥ ◀ ◯ = ◯ ▶	스페이스 ▼ 키를 눌렀을 때 5 초 기다리기 만약 ☁ 문자 인식 결과 = banana 이(가) 참이면 숨기기
⑦ ☁ 문자 인식 결과	
⑥ 숨기기	

 STOP 기다리는 시간이 너무 짧으면 인식 결과가 제대로 전달되지 않을 수 있다. 따라서 카메라 실행 및 인식 시간을 고려하여 시간을 여유롭게 설정하도록 한다.

PROJECT

리듬악기 이름을 보여주면 해당 악기를 연주하는 프로그램을 만들어봅시다.

프로그램 조건

1. 스페이스를 누르면 악기 이름 텍스트를 인식한다.
2. 인식 결과에 악기 이름이 포함되어 있으면 해당 악기를 연주한다.
3. 2개 이상의 악기가 있어도 동시에 연주한다.

HONEY TIP!

1. 확장 탭에서 🎵음악 을 추가하여 연주 기능을 사용할 수 있다.

2. 연산의 ⬭예⬭가 있는가? 블록을 사용하여 동시에 여러 악기를 입력해도 연주가 되도록 만들 수 있다.

3. 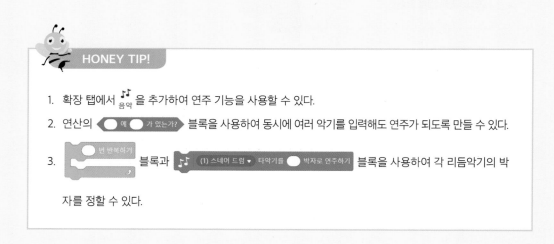 블록과 🎵(1) 스네어 드럼 ▾ 타악기를 ◯ 박자로 연주하기 블록을 사용하여 각 리듬악기의 박

   자를 정할 수 있다.

CHAPTER 5
이미지 인식하기

1 인공지능 소개하기

- 정해진 시간 동안 이미지를 인식한다.
- 인식한 이미지 결과를 출력한다.
  (결과 출력 확인을 위하여 결과를 확인할 수 있는 블록을 함께 사용한다.)

블록	기능 설명
recognize 이미지 인식 ▼ in image after 1 ▼ secs	카메라에 나타난 이미지를 1초 동안 인식한다. (최대 3초까지 인식하는 시간을 조절할 수 있다.)
이미지 인식 ▼ 인식 결과	'말하기', '동작', '소리' 등의 블록을 함께 사용하여 이미지 인식 결과를 나타낸다.

2 인공지능 따라하기

 모듈 ① 이미지를 인식하여 텍스트로 나타내기

- 초록 깃발을 클릭하면 아래의 블록이 실행된다.
- 카메라에 비친 이미지를 3초간 인식한다.
- 이미지 인식 결과를 스프라이트가 텍스트로 표시한다.

📝 TRY IT

- 다양한 이미지를 인식해보자.
- 이미지를 인식하는 시간을 조절해보자.
- 이미지 인식 결과를 정해진 시간 동안 말할 수 있도록 바꿔보자.
- 이미지 인식 결과를 이미지가 바뀔 때마다 '계속 반복'하여 작동할 수 있도록 명령어를 추가하여 완성해보자.

준비한 사진이 이미지 인식 창에 꽉 차도록 위치해야 이미지를 잘 인식할 수 있다.

이미지를 인식할 때 화면에 여백이 있으면 이미지 인식에 실패할 수 있다.

 모듈 ② **브랜드를 인식하여 텍스트로 나타내기**

- 초록 깃발을 클릭하면 아래의 블록이 실행된다.
- 브랜드 이미지를 1초 동안 인식한다.
- 브랜드 인식 결과를 스프라이트가 텍스트로 표시한다.

 TRY IT

- 자신이 알고 있는 다양한 브랜드를 인식해보자.

모듈 ③ 유명인을 인식하여 텍스트로 나타내기

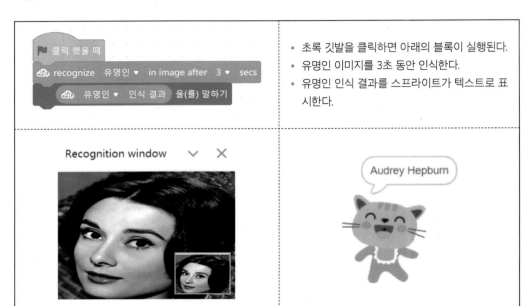

클릭 했을 때 recognize 유명인 ▼ in image after 3 ▼ secs 유명인 ▼ 인식 결과 을(를) 말하기	• 초록 깃발을 클릭하면 아래의 블록이 실행된다. • 유명인 이미지를 3초 동안 인식한다. • 유명인 인식 결과를 스프라이트가 텍스트로 표시한다.
Recognition window	Audrey Hepburn

 TRY IT

• 자신이 알고 있는 다양한 유명인을 인식해보자.

모듈 ④ 랜드마크를 인식하여 텍스트로 나타내기

- 초록 깃발을 클릭하면 아래의 블록이 실행된다.
- 랜드마크 이미지를 2초 동안 인식한다.
- 랜드마크 인식 결과를 스프라이트가 텍스트로 표시한다.

 TRY IT

- 자신이 알고 있는 다양한 랜드마크를 인식해보자.

모듈 ⑤ 이미지묘사를 인식하여 텍스트로 나타내기

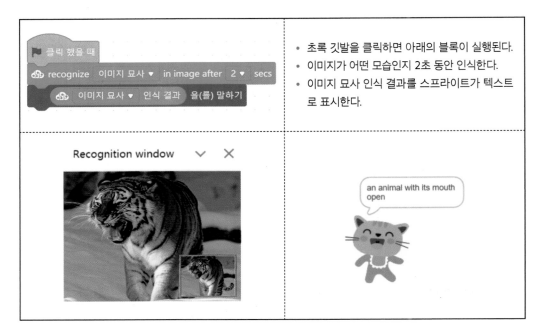

- 초록 깃발을 클릭하면 아래의 블록이 실행된다.
- 이미지가 어떤 모습인지 2초 동안 인식한다.
- 이미지 묘사 인식 결과를 스프라이트가 텍스트로 표시한다.

 TRY IT

- 자신이 찾은 다양한 이미지를 인식하여 어떤 모습인지 알아보자.

 브랜드, 유명인, 랜드마크 등을 인식하기 위한 이미지를 찾을 때 많이 알려져 있지 않은 브랜드, 유명인, 랜드마크는 인식이 되지 않을 수 있다. 또한 이미지를 똑바로 카메라가 인식할 수 없도록 한다면 인식이 어려울 수 있다. 이미지 묘사에 대한 인식은 그 인식한 이미지가 어떤 모습인지 문장으로 나타난다. 영어로 표시되는 텍스트를 번역 기능을 활용하여 '한국어'로 표현할 수 있는데 다음 장에서 자세히 알아보자.

3 인공지능 실험하기

▶ 유명인을 말하여 알려주는 고양이

이미지 인식 결과를 스프라이트가 소리내어 말할 수 있도록 해보자.

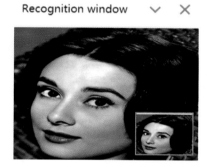

1 '텍스트 음성 변환' 확장 블록 생성하기

① 오른쪽 하단의 스프라이트를 선택 후 명령어 블록 하단의 '확장'을 클릭한다.

② 확장센터에서 'Text to Speech'를 추가한다. ('Text to Speech'는 '텍스트 음성 변환'을 뜻한다.)

③ 'Text to Speech' 블록이 생성되었는지 확인한다.

2 한국어로 언어 설정하기

언어를 한국어로 설정하여 이벤트 블록과 결합한다.

3 이미지 인식 결과를 음성으로 표현하기

① '텍스트 음성 변환' 항목에서 ◀️ 말할 ⬭ 블록을 가져온다.

② 언어를 한국어로 설정했기 때문에 인식 결과를 한국어로 번역해서 말하도록 해야 한다.

4 이미지인식 블록과 결합하여 스크립트 완성하기

> ▶ **음악을 듣고 가수 알아맞히기**

음악을 듣고 어떤 가수의 노래인지 알아맞히는 게임을 만들어보자.

▌'소리' 녹음하기

① 명령 블록 중 '소리' 블록을 선택한다.

② ~끝까지 소리내기 블록에서 ▼표 모양을 클릭하여 레코드를 선택한다.

③ 녹음 버튼을 클릭하여 자신이 원하는 음악을 녹음하고, 녹화 중단을 눌러 녹음을 완료한다.

■ 정상적으로 녹음이 되고 있을 때의 모습

④ 양쪽의 주황색 막대기 부분을 사용하여 필요한 부분만 음악을 편집하여 사용할 수 있으며, 편집이 끝나면 저장하기를 클릭하여 음악을 저장한다.

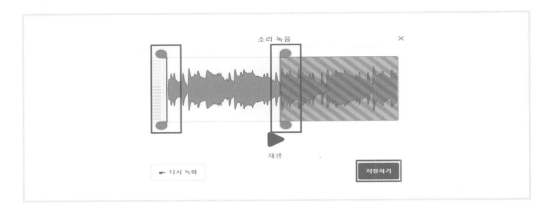

⑤ 위쪽에 녹음이 추가된 것을 알 수 있으며, 더 많은 음악을 녹음하려면 소리 추가를 클릭하여 같은 방법으로 녹음한다.

⑥ 저장된 음악을 다양한 기능을 활용하여 편집할 수 있다.

2 음악 재생과 질문하기, 인식하기

① 소리 블록에서 녹음1 ▼ (을) 를 재생하기 블록을 가져온다.

② 관찰 블록에서 당신의 이름은 무엇입니까? 묻고 기다리기 블록을 가져와서 질문을 작성한다.

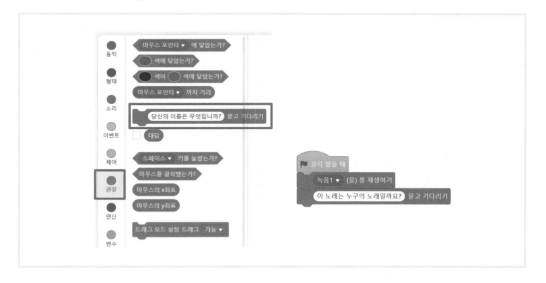

③ AI 확장 블록에서 recognize 유명인 ▼ in image after 1 ▼ secs 블록을 가져와서 원하는 시간

만큼 시간을 설정하여 ②의 블록과 결합한다.

3 조건문 만들기

① 유명인 인식 결과를 한국어로 번역한다. (답을 영어로 작성할 경우 번역할 필요가 없다.)

② 연산 블록의 등호를 사용하여 '대답'과 유명인 인식 결과가 같았을 때라는 조건을 만든다.

③ 제어 블록에서 만약 ~이(가) 참이면, 아니면 블록을 불러와 ②에서 만든 조건문과 결합한다.

④ 형태 블록에서 ~말하기 블록을 가져와서 ③의 조건문에 만약 대답과 유명인의 인식 결과가 같을 경우 '정답입니다.'를 틀렸을 경우 '오답입니다.'를 써서 조건문을 완성한다.

> 만약 〈 대답 = [번역하기 유명인 ▼ 인식 결과 받는 사람 한국어 ▼] 〉 이(가) 참이면
> > 정답입니다. 을(를) 말하기
> 아니면
> > 오답입니다. 을(를) 말하기

4 스크립트 완성하기

① 처음에 만든 블록과 조건문 블록을 결합하여 스크립트를 완성한다.

> ▶ 클릭 했을 때
> > 녹음1 ▼ (을) 를 재생하기
> > 이 노래는 누구의 노래일까요? 묻고 기다리기
> > recognize 유명인 ▼ in image after 1 ▼ secs
> > 만약 〈 대답 = [번역하기 유명인 ▼ 인식 결과 받는 사람 한국어 ▼] 〉 이(가) 참이면
> > > 정답입니다. 을(를) 말하기
> > 아니면
> > > 오답입니다. 을(를) 말하기

 recognize 유명인 ▼ in image after 1 ▼ secs 블록을 사용하여 실행하면 이미지를 인식할 때 1초 만에 인식이 이루어지므로 비교적 시간이 짧을 수 있다. 1초가 짧게 느껴진다면 1초를 3초로 바꾸면 조금 더 편하게 인식시킬 수 있다.

4   인공지능 개발하기

(1) 랜드마크를 보고 알아맞히는 퀴즈를 만들고 몇 개를 맞혔는지 알아보자.

이렇게 해봐요!

- 언어를 한국어로 설정하여 정답 또는 오답임을 알려줘요.

- 계속 반복 또는 출제하고자 하는 수만큼 반복하기 블록을 사용해요.

- 번역한 결과를 말하기 블록을 활용하여 텍스트로 나타내요.

- 번역하기 기능을 활용하여 내가 작성한 답(한글)과 이미지를 인식한 결과(한글)가 같은지 확인해요.

- 대답과 인식 결과가 같은 경우 변수를 사용해서 점수를 1점씩 증가시켜요. (조건문 활용)

- 친구와 함께 한 명은 사진을 보여주면서 문제를 출제하고 다른 한명은 답을 적으며 문제를 풀어요.

스프라이트	문제를 출제하는 캐릭터

	사용 블록	기능 설명

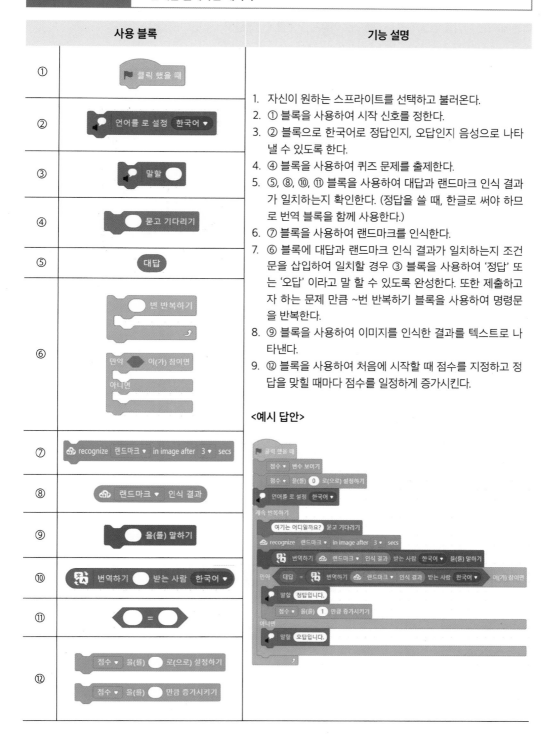

1. 자신이 원하는 스프라이트를 선택하고 불러온다.
2. ① 블록을 사용하여 시작 신호를 정한다.
3. ② 블록으로 한국어로 정답인지, 오답인지 음성으로 나타 낼 수 있도록 한다.
4. ④ 블록을 사용하여 퀴즈 문제를 출제한다.
5. ⑤, ⑧, ⑩, ⑪ 블록을 사용하여 대답과 랜드마크 인식 결과 가 일치하는지 확인한다. (정답을 쓸 때, 한글로 써야 하므 로 번역 블록을 함께 사용한다.)
6. ⑦ 블록을 사용하여 랜드마크를 인식한다.
7. ⑥ 블록에 대답과 랜드마크 인식 결과가 일치하는지 조건 문을 삽입하여 일치할 경우 ③ 블록을 사용하여 '정답' 또 는 '오답' 이라고 말 할 수 있도록 완성한다. 또한 제출하고 자 하는 문제 만큼 ~번 반복하기 블록을 사용하여 명령문 을 반복한다.
8. ⑨ 블록을 사용하여 이미지를 인식한 결과를 텍스트로 나 타낸다.
9. ⑫ 블록을 사용하여 처음에 시작할 때 점수를 지정하고 정 답을 맞힐 때마다 점수를 일정하게 증가시킨다.

\<예시 답안\>

텔레비전 속 예능 프로그램에서 유명한 인물이나 브랜드, 물건 등의 사진을 보거나 음악을 듣고 알아맞히는 게임을 하는 모습을 본 적이 있을 것이다. 프로그램을 진행하는 PD가 직접 사진을 한 장씩 넘기면서 게임을 진행하는데 이런 게임을 엠블록 프로그램으로 어떻게 구현할 수 있을까?

배경이 자동으로 바뀌면서 문제를 출제하고 정답을 맞혀 정답을 맞힌 만큼 점수를 계산하는 작품을 만들어보자. 또한 인공지능이 인식한 결과와 자신이 작성한 대답을 리스트로 작성하여 비교해보자.

📋 **프로그램 조건**

1. 일정 시간이 지나면 다음 문제로 자동으로 바뀌어야 한다.

2. 문제에 대한 답이 정답인지, 오답인지 확인할 수 있어야 한다.

3. 정답을 맞힐 때마다 점수가 올라가야 한다.

4. 이미지를 인식한 결과와 작성한 대답이 리스트에 들어가야 한다.

 HONEY TIP!

1. `다음 배경으로 바꾸기` 블록과 `초 기다리기` 블록을 사용하여 일정 시간이 지나면 다음 배경으로 바꿀 수 있도록 명령할 수 있다.

2. `두 번째 문제 ▼ 을(를) 보내기` 와 `두 번째 문제 ▼ 을(를) 받았을 때` 블록을 사용하여 문제가 바뀌었을 때 자동으로 문제를 출제할 수 있다.

3. 변수를 `점수` 로 만들고, 정답을 맞힐 때마다 `점수 ▼ 을(를) 만큼 증가시키기` 블록을 사용하여 점수가 올라가도록 할 수 있다.

4. `인식 결과` 와 `대답` 리스트를 만들고 `대답 ▼ 에 항목을(를) 추가하기` 블록을 활용하여 인식 결과와 대답이 리스트에 작성될 수 있도록 한다.

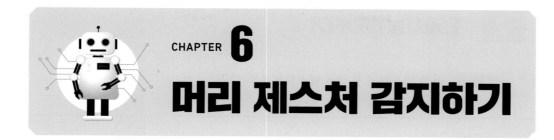

CHAPTER **6**
머리 제스처 감지하기

1 인공지능 소개하기

- 정해진 시간 동안 머리 제스처를 인식한다.
- 인식한 머리 제스처의 각도를 출력한다.
  (결과 출력 확인을 위하여 결과를 확인할 수 있는 블록을 함께 사용한다.)

블록	기능 설명
후 머리 제스처 감지 1▼ 초	카메라에 나타난 머리 제스처를 1초 동안 인식한다. (최대 3초까지 인식하는 시간을 조절할 수 있다.)
머리 롤▼ 각도(°)	'말하기', '생각하기' 등의 블록을 함께 사용하여 머리 제스처의 각도를 나타낸다. (롤각, 요각, 피치각 중 하나를 선택해 인식한 각도를 알 수 있다.)

롤각, 요각, 피치각은 실생활에서 비행기나 드론을 조종할 때 활용된다.

2 인공지능 따라하기

 모듈 ① 머리 제스처의 롤각을 텍스트로 나타내기

- 초록 깃발을 클릭하면 아래의 블록이 실행된다.
- 카메라로 머리 제스처를 2초간 인식한다.
- 머리의 롤 각도를 스프라이트가 텍스트로 출력한다.

TRY IT

- 얼굴 정면을 기준으로 시계 방향으로 움직이며 인식해보자.
- 머리 제스처를 인식하는 시간을 조절해보자.
- 머리 제스처를 정해진 시간 동안 말할 수 있도록 바꿔보자.
- 머리 제스처를 바꿀 때마다 '계속 반복'하여 인식할 수 있도록 명령어를 추가하여 완성해보자.

모듈 ② 머리 제스처의 요각을 텍스트로 나타내기

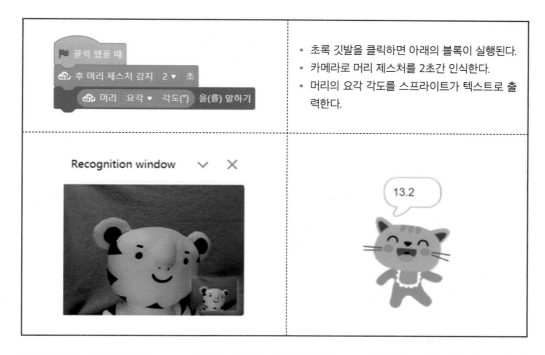

- 초록 깃발을 클릭하면 아래의 블록이 실행된다.
- 카메라로 머리 제스처를 2초간 인식한다.
- 머리의 요각 각도를 스프라이트가 텍스트로 출력한다.

 TRY IT

- 얼굴을 좌우로 돌려가며 인식해 요각 각도의 변화를 살펴보자.

모듈 ③ 머리 제스처의 피치각을 텍스트로 나타내기

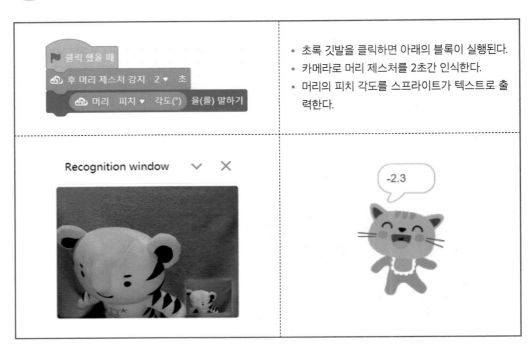

- 초록 깃발을 클릭하면 아래의 블록이 실행된다.
- 카메라로 머리 제스처를 2초간 인식한다.
- 머리의 피치 각도를 스프라이트가 텍스트로 출력한다.

 TRY IT

- 얼굴을 상하로 돌려가며 인식해 피치 각도의 변화를 살펴보자.

 인식하는 대상이 사람이나 인형과 같은 입체적인 대상을 선정해 머리 제스처를 인식하도록 한다. 사진의 경우 평면적인 대상의 머리 제스처를 인식하게 되면 오류가 발생할 수 있으니 주의한다.

3 인공지능 실험하기

▶ **머리 제스처의 롤각, 요각, 피치각을 한 번에 텍스트로 말해주는 고양이**

앞 장의 인공지능 따라하기 모듈은 하나의 대상의 머리 제스처를 인식하면 각각 하나의 각도만(롤각, 요각, 피치각 중 하나) 알려주었다. 하지만 위의 고양이는 세 가지 각도를 1초 간격으로 순서대로 하나씩 말하고 있다. 하나의 대상의 머리 제스처를 인식해 세 가지 각도를 한꺼번에 알려면 어떻게 해야 할지 알아보자.

▋ '1초 기다리기' 블록으로 롤 각도 확인할 시간 갖기

① 스프라이트 선택 후 왼쪽 '제어' 항목을 선택한다.

② 머리 제스처를 2초간 감지한 후 롤각을 확인할 시간을 준다.

```
🏴 클릭 했을 때
☁ 후 머리 제스처 감지  2 ▾  초
  ☁ 머리  롤 ▾  각도(°)  을(를) 말하기
    1  초 기다리기
```

2 머리 요각, 피치각의 각도 확인하기

① 그 다음으로 요각을 말하고 마찬가지로 1초의 간격을 둔다.

 직접 블록을 추가하지 않고 왼쪽과 같이 마우스를 '**머리 롤 각도 말하기**' 블록에 갖다 오른쪽 버튼을 클릭하면 위의 사진과 같은 창이 뜬다. 창에서 복사를 누르면 '**머리 롤 각도 말하기**' 블록과 '**1초 기다리기**' 블록을 한 번에 복사할 수 있다. 복사한 블록을 아래에 삽입한 후 '머리 롤 각도'에서 '**롤▼**'을 클릭 후 '**요각**'으로 변경하면 위와 같은 블록을 보다 빠르게 만들 수 있다.

② 블록 복사 기능을 활용해 그 다음으로는 머리 피치 각도를 말한 후 1초를 기다리도록 한다.

초록 깃발을 매번 클릭해서 머리 제스처를 인식하기보다 무한 반복하기 블록을 왼쪽 그림과 같이 추가해 머리 제스처를 인식하도록 해보자.

▶ **머리 제스처의 롤각, 요각, 피치각을 한 번에 소리로 말해주는 고양이**

앞 장에서 고양이 스프라이트는 머리 제스처의 세 가지 각도를 텍스트로 말한다. 고양이 스프라이트가 소리로 말하게 하려면 어떻게 해야 할지 알아보자. 기존 블록 외에 어떤 기능이 추가되면 좋을지 생각해보자.

▌ 입력한 텍스트를 음성으로 말해주기

① 오른쪽 하단의 스프라이트를 선택 후 명령어 블록 하단의 '확장'을 클릭한다.

② 확장센터에서 1페이지 하단에 'Text to Speech'를 추가한다. ('Text to Speech'는 '텍스트를 음성으로 변환'을 뜻한다)

③ '확장 기능이 추가되었습니다.' 알림창과 함께 'AI'와 '확장' 사이에 '텍스트 음성 변환' 확장 항목이 생성된다.

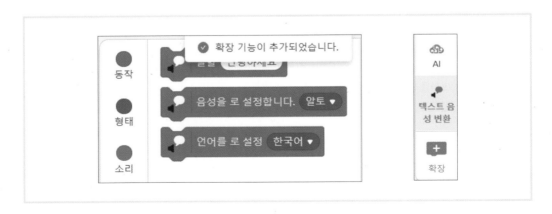

2 한국어로 언어 설정하기

초록 깃발을 클릭하면 언어를 한국어로 설정한다.

3 '머리 롤 각도'의 값을 한국어로 말하기

① '텍스트 음성 변환' 항목에서 말할 안녕하세요 블록을 가져온다.

② 위에서 가져온 블록을 활용하여 머리 롤 각도를 음성으로 말하도록 한다.

4 머리 제스처를 인식해 '롤 각도'를 음성을 말해주기

말할 머리 롤 ▼ 각도(°) 블록의 마우스 오른쪽 버튼을 클릭하여 '복사' 기능을 활용해 **요각** 각도와 **피치** 각도를 말하는 명령 블록도 쉽게 만들 수 있다.

5 머리 제스쳐 세 각도를 1초 간격으로 말하기

▶ **머리 제스쳐의 각도에 따라 사라졌다 보였다하는 공주**

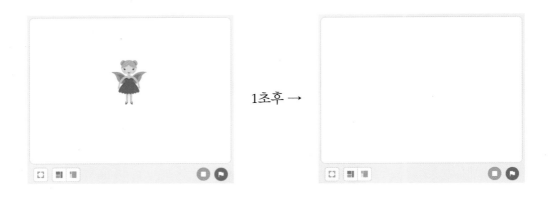

1초후 →

위의 스프라이트는 머리 제스쳐 '요각'의 각도에 따라 사라지기도 하고, 보이기도 한다. 기존 블록 외에 어떤 기능이 추가되면 좋을지 생각해보며 만들어보자.

1 '부등호' 블록 사용하기

① 스프라이트를 선택한 후 '연산' 항목을 클릭한다.

② '연산' 항목에서 ⬡ > 50 , ⬡ < 50 두 블록을 가져온다.

2 머리 요각 각도가 0보다 작은 경우로 범위 정하기

① 'AI' 항목에서 ☁머리 요각▼ 각도(°) 블록을 가져온 후 '요각'으로 바꾼다.

② 부등호 블록에 숫자를 0으로 바꾼 후 아래와 같이 삽입한다.

3 머리 요각 각도가 0보다 작을 때 조건문 만들기

① '제어' 항목에서 만약◇이(가) 참이면 블록을 가져온다.

② 부등호 블록에 아래와 같이 삽입하여 조건문을 두 개 만든다.

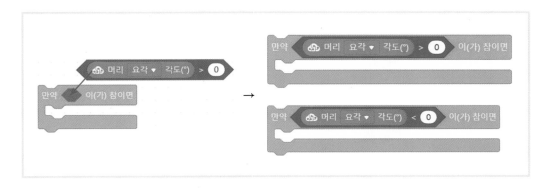

4 ┃ 머리 요각 각도가 0보다 클 때 보이고 작은 때 숨기도록 정하기

① '형태' 항목에서 보이기 와 숨기기 블록을 가져온다.

② 머리 요각이 0보다 크면 보이고 0보다 작으면 보이지 않도록 코딩한다.

> **STOP!** 머리 요각 각도가 '**0 이상**'일 때 즉, 0을 포함하는 범위로 부등호를 완성하려면 아래와 같이 '0보다 작은 수'로 바꾸면 된다. 머리~ 각도의 출력되는 수의 범위가 소수 첫째 자리이기 때문에 소수 둘째 자리의 '-0.01'로 범위를 지정하였다.
>
> 만약 〈 ☁ 머리 요각 ▼ 각도(°) 〉 > -0.01 이(가) 참이면
>   보이기

5 ┃ 명령문 완성하기

① 아래와 같이 명령문을 완성한 후 머리 제스처를 인식해보며 공주 스프라이트가 언제 보이고 언제 숨기기를 실행하는지 알아보자.

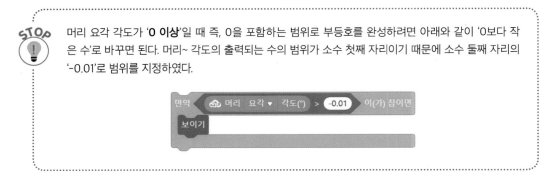

4 인공지능 개발하기

(1) 머리 제스처 각도만큼 벽에 닿을 때까지 이동하는 고양이를 만들어보자.

이렇게 해봐요!

- 벽에 닿았을 때까지 반복하도록 해보세요.

- 고양이가 머리 '**롤**'각도만큼 **x좌표**를 바꾸도록 '**요각**'각도만큼 **y좌표**를 바꾸도록 해보세요.

- 고양이가 x좌표와 y좌표를 얼만큼 움직이는지 각각 음성으로 말하도록 해보세요.

| 스프라이트 | 고양이(자신이 원하는 스프라이트로 변경 가능) |

사용 블록	기능 설명
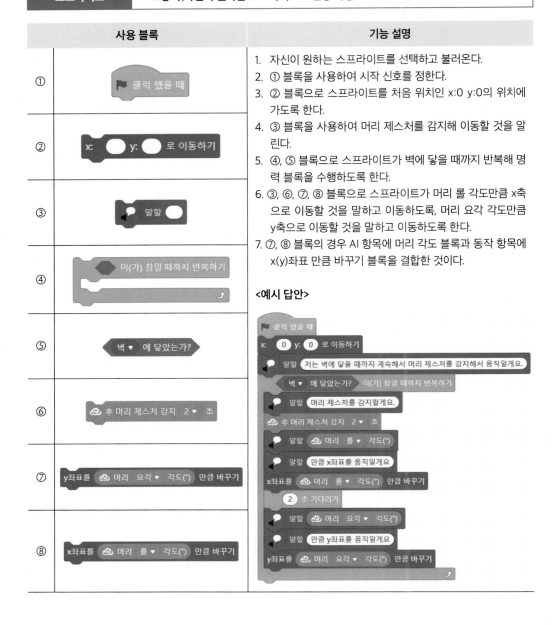	1. 자신이 원하는 스프라이트를 선택하고 불러온다.

1. 자신이 원하는 스프라이트를 선택하고 불러온다.
2. ① 블록을 사용하여 시작 신호를 정한다.
3. ② 블록으로 스프라이트를 처음 위치인 x:0 y:0의 위치에 가도록 한다.
4. ③ 블록을 사용하여 머리 제스처를 감지해 이동할 것을 알린다.
5. ④, ⑤ 블록으로 스프라이트가 벽에 닿을 때까지 반복해 명령 블록을 수행하도록 한다.
6. ③, ⑥, ⑦, ⑧ 블록으로 스프라이트가 머리 롤 각도만큼 x축으로 이동할 것을 말하고 이동하도록, 머리 요각 각도만큼 y축으로 이동할 것을 말하고 이동하도록 한다.
7. ⑦, ⑧ 블록의 경우 AI 항목에 머리 각도 블록과 동작 항목에 x(y)좌표 만큼 바꾸기 블록을 결합한 것이다.

<예시 답안>

(2) 자유롭게 이동하다가 머리 제스처 각도에 따라 숨기기와 보이기를 반복하는 고양이를 만들어보자.

이렇게 해봐요!

- 고양이 스프라이트가 랜덤 위치로 계속 이동하도록 설정해보세요.
- '피치 각도'가 0보다 큰 경우 '저 여기 있어요!'를 말한 후 고양이가 보이도록 해보세요.
- '피치 각도'가 0이하인 경우 '저는 이제 사라질게요~'를 말한 후 고양이가 사라지도록 해보세요.

스프라이트	고양이(자신이 원하는 스프라이트로 변경 가능)

사용 블록	기능 설명
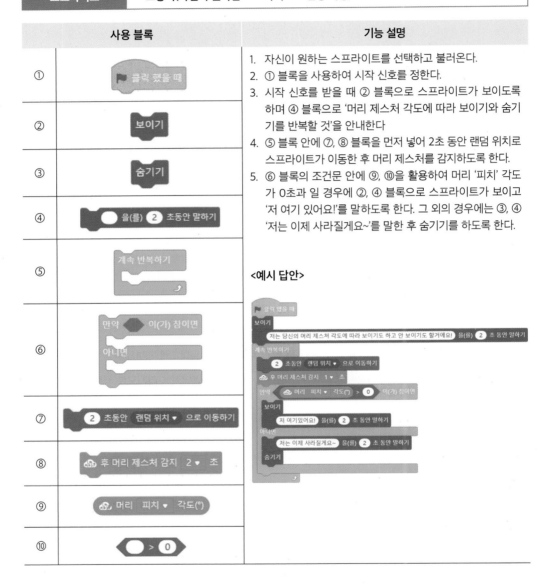	1. 자신이 원하는 스프라이트를 선택하고 불러온다. 2. ① 블록을 사용하여 시작 신호를 정한다. 3. 시작 신호를 받을 때 ② 블록으로 스프라이트가 보이도록 하며 ④ 블록으로 '머리 제스처 각도에 따라 보이기와 숨기기를 반복할 것'을 안내한다 4. ⑤ 블록 안에 ⑦, ⑧ 블록을 먼저 넣어 2초 동안 랜덤 위치로 스프라이트가 이동한 후 머리 제스처를 감지하도록 한다. 5. ⑥ 블록의 조건문 안에 ⑨, ⑩을 활용하여 머리 '피치' 각도가 0초과 일 경우에 ②, ④ 블록으로 스프라이트가 보이고 '저 여기 있어요!'를 말하도록 한다. 그 외의 경우에는 ③, ④ '저는 이제 사라질게요~'를 말한 후 숨기기를 하도록 한다. **<예시 답안>**

미로 찾기 게임을 할 때에는 마우스나 키보드를 이용하여 대상을 움직인다. 머리 제스처를 감지하여 우리가 알수 있는 각도는 롤각, 요각, 피치각이다. 마우스나 키보드 대신 우리의 머리 제스처의 각도 중 두 가지에 따라 스프라이트가 이동하여 미로를 통과하려면 어떻게 해야 할까?

미로 배경에 따라 스프라이트가 제한 시간 안에 미로를 무사히 통과할 수 있도록 프로그램을 만들어보자.

 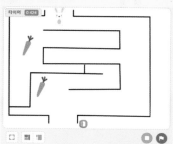

프로그램 조건

1. 미로 배경을 만들거나 그림을 추가해야 한다.
2. 머리 제스처의 롤각, 요각, 피치각 중 두 가지를 선택한 후 선택한 두 가지 각도만큼 스프라이트가 x좌표 y좌표로 이동해야 한다.
3. 제한 시간 안에 미로의 도착 지점에 닿으면 게임 성공을 말해야 한다.
4. 제한 시간을 초과하면 게임 실패를 말해야 한다.
5. 당근에 닿으면 타이머가 초기화된다.

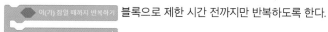 HONEY TIP!

1. 미로 배경 이미지를 받아 배경 스프라이트에 추가하거나 직접 그린다.
2. `타이머` 와 `◯ < ◯` 블록을 활용해 제한 시간 600초(10분)라는 조건을 정한 후, `이(가) 참일 때까지 반복하기` 블록으로 제한 시간 전까지만 반복하도록 한다.
3. `말할` 을 활용해 게임 중 스프라이트가 x좌표, y좌표로 얼마만큼 이동하는지 말하도록 하고, 게임 성공 여부도 말하도록 한다.
4. 제한 시간이 초과되거나 벽에 닿으면 '게임 실패'라고 말하며 정지하도록 한다.
5. `머리 롤 ▾ 각도(°)` 옆에 네모박스를 클릭해 인식한 머리 각도를 스프라이트 화면에서 보면서 이동하도록 한다.

CHAPTER 7
나이 인식하기

1 인공지능 소개하기

- 정해진 시간 동안 나이를 인식한다.

- 인식한 대상의 나이를 출력한다.
  (결과 출력 확인을 위하여 결과를 확인할 수 있는 블록을 함께 사용한다.)

블록	기능 설명
recognize people's age after 1 ▾ secs	카메라에 나타난 사람의 나이를 1초 동안 인식한다. (최대 3초까지 인식하는 시간을 조절할 수 있다.)
나이 인식 결과	'말하기', '텍스트 음성 변환 항목의 블록' 등을 함께 사용하여 나이 인식 결과를 나타낸다.

2　인공지능 따라하기

모듈 ①　나이 인식 결과를 텍스트로 나타내기

- 초록 깃발을 클릭하면 아래의 블록이 실행된다.
- 카메라로 사람의 나이를 2초간 인식한다.
- 나이 인식 결과를 텍스트로 출력한다.

📝　TRY IT

- 다양한 연령대 사람들의 나이를 인식해보자.
- 나이를 인식하는 시간에 따라 인식 결과가 다른지 알아보자.
- 얼굴 표정을 바꾸었을 때마다 나이 인식 결과가 다른지 알아보자.

 나이를 인식하는 대상은 한 명으로 하도록 한다. 여러 명을 한 번에 인식하면 오류가 발생할 수 있으니 주의한다.

3   인공지능 실험하기

▶ 나이만큼 회전하는 고양이

위의 고양이는 인식한 대상의 나이만큼 시계 방향으로 회전한 후의 모습이다.

인공지능 인식 블록을 활용하여 함께 만들어보자.

┃   나이 인식 결과만큼 오른쪽으로 회전하도록 하기

① 스프라이트 선택 후 왼쪽 '동작' 항목을 선택한다.

② 동작 블록을 활용하여 나이 인식 결과만큼 오른쪽 방향으로 회전하게 한다.

③ 나이 인식 결과에 따라 스프라이트가 회전하는 정도를 살펴본다.

나이 인식 값만큼 색깔이 변하는 고양이

위의 고양이는 인식한 대상의 나이만큼 색깔이 변한 고양이의 모습이다.

인공지능 인식 블록을 활용하여 함께 만들어보자.

1   나이 인식 결과만큼 색깔이 변하도록 하기

① 스프라이트 선택 후 왼쪽 '형태' 항목을 선택한다.

② 형태 블록을 활용하여 나이 인식 결과만큼 색깔이 변하도록 한다.

③ 나이 인식 결과에 따라 스프라이트의 색깔이 변하는 것을 살펴본다.

나이 인식 값만큼 크기가 변하는 고양이

오른쪽 고양이는 왼쪽 고양이에 비해 크기가 크다. 이는 인식한 대상의 나이 값만큼 크기가 변한 것이다. 인공지능 인식 블록을 활용하여 함께 만들어보자.

┃ 나이 인식 결과만큼 크기가 변하도록 하기

① 스프라이트 선택 후 왼쪽 '형태' 항목을 선택한다.

② 형태 블록을 활용하여 나이 인식 결과만큼 크기가 변하도록 한다.

③ 나이 인식 결과에 따라 스프라이트의 크기가 변하는 것을 살펴본다.

▶ 나이를 말해주는 고양이

사람의 나이를 인식하여 한국어로 말해주는 고양이를 만들려고 한다. 어떤 블록을 사용하면 좋을지 생각해 본 후 다음 장을 볼 것을 추천한다.

Ⅰ 텍스트를 음성으로 말하기

① 스프라이트 선택 후 확장센터에서 'Text to Speech'를 추가하고, 텍스트 음성 인식 항목을 선택한다.

② 텍스트 음성 변환 블록을 활용하여 나이 인식 결과를 말할 수 있도록 코딩한다.

4   인공지능 개발하기

(1) 사람의 나이를 맞히는 고양이를 만들어보자.

이렇게 해봐요!

- 고양이가 실제 나이를 물어보고 우리가 답을 키보드로 입력하도록 해보세요.

- 대답과 나이 인식 결과가 같으면 '제가 맞혔네요'라고 다르면 '제가 틀렸네요'라고 말하도록 해보세요.

- 조건문, 등호 블록을 사용해보세요.

스프라이트	고양이 스프라이트(자신이 원하는 스프라이트도 가능)

사용 블록	기능 설명
① ⚑ 클릭 했을 때	1. 자신이 원하는 스프라이트를 선택하고 불러온다. 2. ① 블록을 사용하여 시작 신호를 정한다. 3. ② 블록으로 실제 나이를 묻는 질문을 한다. 4. ⑦ 블록을 사용해 카메라로 대상의 나이를 인식하도록 하고, ④ 블록과 ⑧ 블록으로 나이 인식 결과가 맞는지 묻는 질문을 말하도록 한다. 5. ④, ⑤ 블록으로 스프라이트가 벽에 닿을 때까지 반복해 명령 블록을 수행하도록 한다. 6. ③, ④, ⑤ 블록으로 대답과 나이 인식 결과가 같다는 수식을 만든 후 ⑥, ⑦ 블록으로 실제 나이와 나이 인식 결과가 맞는 경우 '제가 맞혔네요'를 말하고 틀린 경우 '제가 틀렸네요'를 말하도록 한다.
② 묻고 기다리기	
③ 대답	
④ 말할	
⑤ ◆ = ◆	<예시 답안>
⑥ 만약 ◆ 이(가) 참이면 / 아니면	 ⚑ 클릭 했을 때 당신의 나이를 맞춰보겠습니다. 실제 나이를 입력해주세요. 묻고 기다리기 ☁ recognize people's age after 2 ▾ secs 🔊 말할 당신의 나이는 🔊 말할 ☁ 나이 인식 결과 🔊 말할 입니까? 만약 대답 = ☁ 나이 인식 결과 이(가) 참이면 🔊 말할 제가 맞혔네요 아니면 🔊 말할 제가 틀렸네요
⑦ ☁ recognize people's age after 2 ▾ secs	
⑧ ☁ 나이 인식 결과	

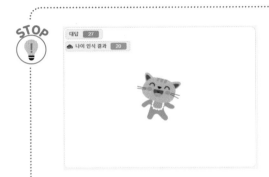

대답 27
☁ 나이 인식 결과 20

위 프로젝트에서 '대답'과 '나이 인식 결과'를 명령 블록으로 끌어오기 전 □박스 안을 누르면 ☑ 대답 ☑ ☁ 나이 인식 결과 체크표시가 된다. 그러면 스프라이트 창에 입력한 대답 값과 나인 인식 결과 값을 아래와 같이 볼 수 있다.

(2) 사람의 나이에 따라 장면이 바뀌며 안내하는 인공지능을 만들어보자.

이렇게 해봐요!

- 어린이(13세 이하), 청소년(14세 이상 19세 이하), 성인(20세 이상)으로 나이 인식 결과를 나눠보세요.
- 어린이, 청소년, 성인일 경우 각각 다른 배경으로 바꾸도록 해보세요.
- 배경을 바꾸기 전 음성으로 인공지능이 '당신은 어린이입니다'와 같이 안내한 후 배경을 바꾸도록 해보세요.

스프라이트	고양이(자신이 원하는 스프라이트 가능)

사용 블록	기능 설명
① [클릭 했을 때]	1. 자신이 원하는 스프라이트를 선택하고 불러온다. 2. ① 블록을 사용하여 시작 신호를 정한다. 3. 시작 신호를 받으면 ② 블록으로 배경을 초기 배경인 'backdrop1'으로 설정하도록 하고 ③ 블록으로 나이를 인식하도록 한다. 4. ④, ⑥블록으로 나이 인식 결과가 14세 보다 적은 경우의 수식을 만든 후, ⑧ 블록 안에 삽입한다. ⑧ 블록 안에 ⑨ 블록으로 '당신은 어린이입니다'를 말하도록 하며 ② 블록으로 'Kid's room(어린이방)'으로 장면을 바꾸도록 한다. 5. ⑦ 블록의 왼쪽에 ④, ⑤ 블록으로 나이가 14세 이상 오른쪽에 ④, ⑥ 블록으로 20세보다 적은 경우의 수식을 만들어 넣은 후, ⑧ 블록 안에 삽입한다. ⑧ 블록 안에 ⑨ 블록으로 '당신은 청소년입니다'를 말하도록 하며 ② 블록으로 'Shool1(학교)'로 장면을 바꾸도록 한다. 6. ④, ⑤ 블록으로 나이 인식 결과가 20세 보다 큰 경우의 수식을 만든 후, ⑧ 블록 안에 삽입한다. ⑧ 블록 안에 ⑨ 블록으로 '당신은 성인입니다'를 말하도록 하며 ② 블록으로 'Office(사무실)'로 장면을 바꾸도록 한다.
② [배경을 backdrop1 ▼ (으)로 바꾸기]	
③ [recognize people's age after 2 ▼ secs]	
④ [나이 인식 결과]	**<예시 답안>**
⑤ [○ > ○]	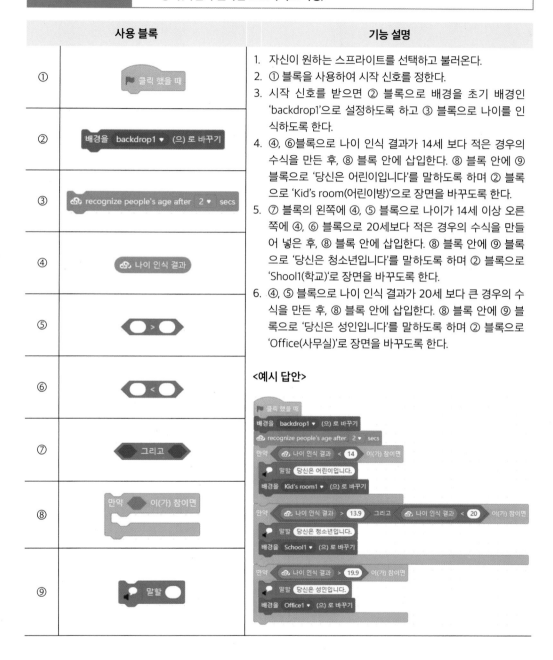
⑥ [○ < ○]	
⑦ [그리고]	
⑧ [만약 ◇ 이(가) 참이면]	
⑨ [말할 ○]	

장면 바꾸기 기능은 다음과 같이 하면 가능하다.
① 배경에서 '모양'을 클릭한다.

② '배경 추가'를 클릭한다.
③ 배경 저장소에서 원하는 배경을 선택한 후 '확인' 버튼을 누르면 추가된다.

④ 스프라이트에서 배경을~로 바꾸기 블록 ▼버튼을 누르면 추가한 배경의 목록을 볼 수 있으며 선택 가능하다.

안면 인식 기능은 보안 기술뿐 아니라 마케팅까지 사용되는 범위가 점차 넓어지고 있다. 우리가 학습한 나이 인식 기능을 활용해 출입문 통제 시스템을 만들어보려 한다. 대답한 실제 나이와 인식한 나이가 같은 경우에만 출입이 가능하고 실제 나이보다 인식한 나이가 어린 경우 출입이 불가능하다고 알려준다.

실제 나이와 인식한 나이를 비교하여 출입 여부를 정할 수 있도록 프로그램을 만들어보자.

프로그램 조건

1. 실제 나이를 먼저 묻고 입력하도록 만들어야 한다.
2. 나이 인식 결과와 대답을 부등호를 활용해 비교해 각각 대답해야 한다.
3. 실제 나이와 나이 인식 결과가 같은 경우에만 출입할 수 있다는 안내 멘트가 나와야 한다.
4. 나이 인식 결과가 실제 나이보다 높은 경우에는 방송하기를 통해 인식할 기회를 한 번 더 제공해야 한다.

HONEY TIP!

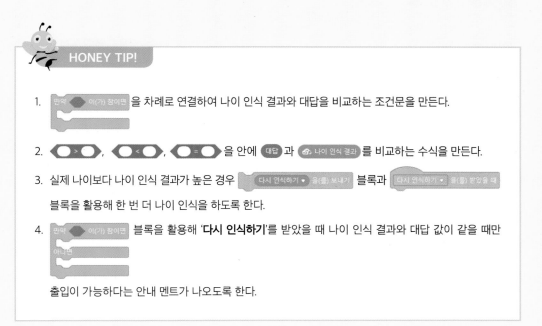

1. [만약 ◆ 이(가) 참이면] 을 차례로 연결하여 나이 인식 결과와 대답을 비교하는 조건문을 만든다.

2. [◆ > ◆], [◆ < ◆], [◆ = ◆] 을 안에 [대답] 과 [나이 인식 결과] 를 비교하는 수식을 만든다.

3. 실제 나이보다 나이 인식 결과가 높은 경우 [다시 인식하기 ▼ 을(를) 보내기] 블록과 [다시 인식하기 ▼ 을(를) 받았을 때] 블록을 활용해 한 번 더 나이 인식을 하도록 한다.

4. [만약 ◆ 이(가) 참이면 / 아니면] 블록을 활용해 '다시 인식하기'를 받았을 때 나이 인식 결과와 대답 값이 같을 때만 출입이 가능하다는 안내 멘트가 나오도록 한다.

CHAPTER **8**
미소 점수 감지하기

1 인공지능 소개하기

- 정해진 시간 동안 미소 점수를 인식한다.
- 인식한 대상의 미소 점수를 출력한다.
  (결과 출력 확인을 위하여 결과를 확인할 수 있는 블록을 함께 사용한다.)

블록	기능 설명
후 미소 점수를 감지 1 ▾ 초	카메라에 나타난 사람의 미소 점수를 1초 동안 인식한다. (최대 3초까지 인식하는 시간을 조절할 수 있다.)
미소 인식 결과	'말하기', '텍스트 음성 변환 항목의 블록' 등을 함께 사용하여 나이 인식 결과를 나타낸다.

2 인공지능 따라하기

 모듈 ① 나이 인식 결과를 텍스트로 나타내기

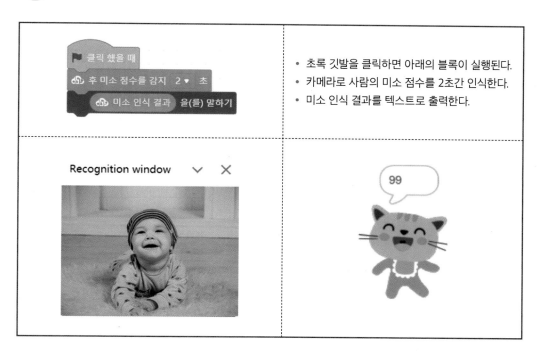

- 초록 깃발을 클릭하면 아래의 블록이 실행된다.
- 카메라로 사람의 미소 점수를 2초간 인식한다.
- 미소 인식 결과를 텍스트로 출력한다.

TRY IT

- 다양한 표정을 지으며 미소 점수를 인식해보자.
- 눈은 웃고 입은 웃지 않는 경우 미소 점수 결과가 어떻게 되는지 알아보자.
- 미소 점수의 최솟값과 최댓값이 얼마인지 알아보자.

3 인공지능 실험하기

> ▶ 미소 점수의 음량으로 웃는 고양이

위의 고양이는 인식한 대상의 미소 점수를 말한 후 미소 점수의 음량으로 웃음 소리를 내는 모습이다. 인공지능 인식 블록을 활용하여 함께 만들어보자.

I 미소 인식값을 음량으로 정하기

① 소리 블록을 활용하여 미소 인식값을 음량으로 정한다.

2 소리효과 만들기

① '소리' 항목에서 ▮▮▮▮▮ (을) 를 재생하기 를 가져온다.

② 스프라이트 클릭 후 우측 하단에 소리를 클릭한다.

③  를 누르면 소리 저장소에 저장된 소리 목록이 보인다. '**Q검색하기**' 창에 laugh 를 검색하고 하나를 마우스 왼쪽으로 클릭 후 확인 버튼을 누르거나 나의 소리에서 소 리를 녹음한 후 확인 버튼을 누른다.

④ 우측 하단에 '**X**' 버튼을 누르면 명령 블록으로 돌아갈 수 있다.

⑤ ▼ 버튼을 누르면 아래 그림과 같이 입력한 소리를 확인할 수 있다.

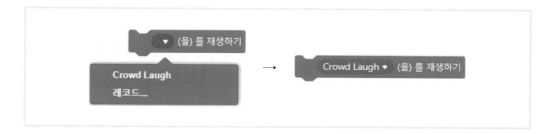

⑥ 아래와 같이 명령 블록을 완성한 후 미소 점수를 인식해보자.

10번의 미소 점수를 합하는 고양이

위의 고양이는 10번 미소 점수를 감지하고 미소 점수의 합을 구한 모습이다. 미소 점수를 10번 반복해 감지하고, 합한 결과를 위와 같이 보려면 어떤 블록을 사용하면 좋을지 생각해보자.

1 미소 점수의 합 변수 만들기

① 스프라이트 선택 후 왼쪽 '변수' 항목을 선택한 후 변수 만들기 를 클릭한다.

② 새로운 변수의 이름을 지정한 후 '확인'을 누른다.

③ 미소 점수의 합 옆에 ㅁ박스를 체크하여 아래 그림과 같이 만든다.

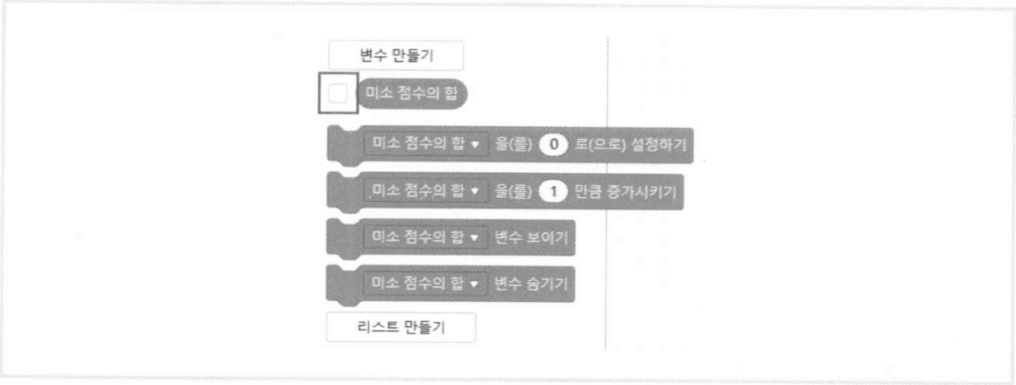

2 미소 점수를 변수에 더하기

① 변수 블록을 활용하여 미소 점수의 합을 미소 인식 결과로 설정해 준다.

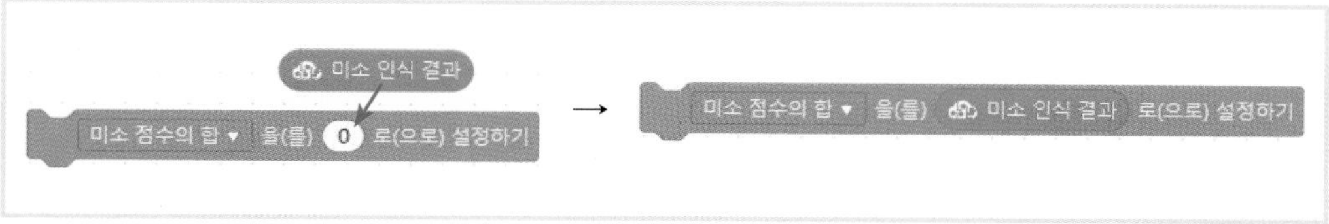

3 10번의 미소 점수 합하도록 만들기

① '제어 항목의' 

블록을 활용해 조건문을 완성한다.

② 아래와 같이 명령 블록을 완성한 후 10번의 미소 점수를 감지한 후 점수의 합의 변화를 살펴본다.

4 인공지능 개발하기

(1) 미소 점수에 따라 대답을 다르게 하는 인공지능을 만들어보자.

이렇게 해봐요!

- 먼저 인식한 결과를 음성으로 말하도록 해보세요.
- 미소 점수가 30 미만, 30이상 70미만, 70이상인 경우로 범위를 나눠보세요.
- 미소 점수가 30 미만인 경우 응원의 말을, 30이상 70미만인 경우 더 활짝 웃으라는 말을 70이상인 경우 기분이 좋다는 말을 음성으로 하도록 해보세요.

기운 내세요 파이팅!

이 말풍선은 실제로 스프라이트 화면에 나오는 것이 아니라 음성으로 말해주는 것이다. 스프라이트 실행에 대한 이해를 돕기 위해 넣은 그림이다.

스프라이트	고양이

	사용 블록	기능 설명
①	클릭 했을 때	1. 자신이 원하는 스프라이트를 선택하고 불러온다.
②	후 미소 점수를 감지 2 ▾ 초	2. ① 블록을 사용하여 시작 신호를 정한다. 3. ② 블록으로 미소 점수를 감지한다. 4. ③과 ④ 블록으로 감지한 미소 점수를 안내하는 멘트를 작성한다. 5. ⑧ 블록으로 1초 후에 ⑤, ⑥, ⑦ 블록으로 미소 인식 결과가 30보다 작을 때, 미소 인식 결과가 30보다 크거나 같고 70보다 작을 때, 결과가 70보다 클 때로 점수 범위를 나눈다.
③	미소 인식 결과	6. 위에서 만든 명령 블록에 ⑨번 블록을 활용하여 점수 범위마다 각각 멘트를 다르게 하도록 한다.
④	말할	**<예시 답안>**
⑤	◯ > ◯	클릭 했을 때 후 미소 점수를 감지 2 ▾ 초 말할 당신의 미소 점수는 말할 미소 인식 결과 말할 입니다 1 초 기다리기 만약 미소 인식 결과 < 30 이(가) 참이면 말할 기운 내세요 파이팅!
⑥	◯ < ◯	만약 미소 인식 결과 > 29.9 그리고 미소 인식 결과 < 70 이(가) 참이면 말할 더 활짝 웃으세요
⑦	그리고	만약 미소 인식 결과 > 69.9 이(가) 참이면 말할 기분이 좋으시군요
⑧	초 기다리기	
⑨	만약 ◆ 이(가) 참이면	

미소 인식 점수는 소수가 아닌 자연수로 나온다. 따라서 범위를 지정할 때 30대신 29.9보다 크다로 정하면 따로 등호를 삽입하지 않아도 30을 포함한다. 마찬가지로 70대신 69.9보다 크다고 정하면 70을 포함한다.

안면 인식 기능은 개인의 신원 파악뿐 아니라 다양한 마케팅과 인구 통계에 활용되고 있다. 안면 인식 기능은 마케팅에 어떻게 이용될까? 효과적인 마케팅을 하려면 잠재적인 고객의 연령대와 제품에 대한 반응을 수집해야 한다. 이 프로그램을 엠블록으로 만들려면 어떤 블록들이 필요할지 생각해보자.

효과적인 홍보 방안에 우리가 학습한 미소 점수 감지로 어떤 연령대에 사람이 제품을 어떤 표정으로 보는지 알아볼 수 있는 인공지능 프로그램을 만들어보자.

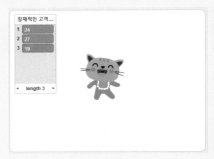

 프로그램 조건

1. 미소 점수가 70보다 클 때만 잠재적인 고객이다.
2. 나이 인식은 잠재적인 고객인 경우에만 하고 미소 점수와 나이 인식 결과를 음성으로 안내한다.
3. 미소 점수가 70보다 작거나 같은 경우에는 잠재적인 고객이 아니라고 음성으로 안내한다.
4. 잠재적인 고객(미소 점수 70점 초과)의 나이를 리스트에 추가하여 스프라이트 화면에서 확인하도록 한다.

HONEY TIP!

1. 　[만약 　 이(가) 참이면 / 아니면]　을 활용하여 미소 점수가 70보다 큰 경우와 아닌 경우로 조건문 블록을 만든다.

2. 　[◯ > ◯]　블록을 활용하여 미소 인식 점수에 따른 부등호 블록을 만든다.

3. 모든 음성 안내는 [말하기 ◯]　을 활용한다.

4. '**변수**' 항목에서 　[리스트 만들기]　로 '**잠재적인 고객의 나이**'라는 리스트를 만들어
　[잠재적인 고객의 나이 ▾ 에　나이 인식 결과　항목을(를) 추가하기]　와 같이 나이 인식 결과를 리스트에 추가하도록 한다.

CHAPTER 9 안경 유형 감지하기

1 인공지능 소개하기

- 정해진 시간 동안 안경 유형을 인식한다.
- 안경 유형이 맞으면 'true(진실)' 틀리면 'false(그릇된)'를 출력한다.
  (결과 출력 확인을 위하여 결과를 확인할 수 있는 블록을 함께 사용한다.)

블록	기능 설명
🔵 후 안경 유형을 감지 1▼ 초	카메라에 나타난 사람의 안경 유형을 1초 동안 인식한다. (최대 3초까지 인식하는 시간을 조절할 수 있다.)
🔵 입고 선글라스▼ ?	'말하기', '텍스트 음성 변환 항목의 블록' 등을 함께 사용하여 카메라에 나타난 사람의 선글라스 착용 여부를 알려준다. (선글라스, 독서 안경, 수영 고글, 안경 없음 네 가지 중 하나를 선택할 수 있다.)

2　인공지능 따라하기

모듈 ① 선글라스 착용 여부를 텍스트로 나타내기

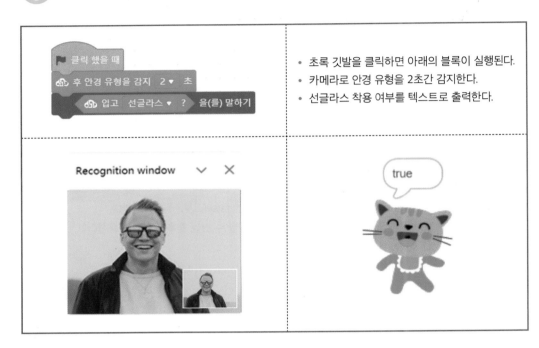

- 초록 깃발을 클릭하면 아래의 블록이 실행된다.
- 카메라로 안경 유형을 2초간 감지한다.
- 선글라스 착용 여부를 텍스트로 출력한다.

📝 TRY IT

- 선글라스를 벗고 안경 유형을 감지하면 'false'가 출력되는 것을 확인해보자.
- 착용하지 않고 선글라스만 인식하면 'true'나 'false' 중 어떤 것을 출력하는지 확인해보자.

모듈 ② 독서 안경 착용 여부를 텍스트로 나타내기

- 초록 깃발을 클릭하면 아래의 블록이 실행된다.
- 카메라로 안경 유형을 2초간 감지한다.
- 독서 안경 착용 여부를 텍스트로 출력한다.

📝 **TRY IT**

- 선글라스를 착용하고 감지하면 'false'가 출력되는 것을 확인해보자.
- 독서 안경의 한쪽을 손으로 가리고 감지했을 때 어떤 결과를 출력하는지 확인해보자.

모듈 ③　수영 고글 착용 여부를 텍스트로 나타내기

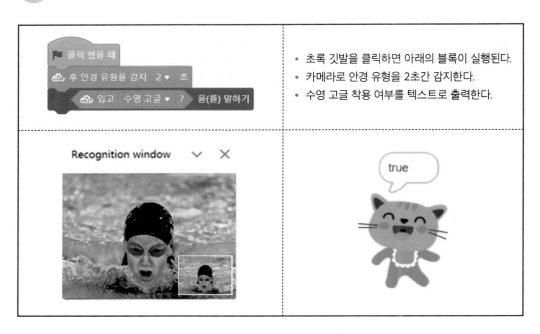

- 초록 깃발을 클릭하면 아래의 블록이 실행된다.
- 카메라로 안경 유형을 2초간 감지한다.
- 수영 고글 착용 여부를 텍스트로 출력한다.

모듈 ④　안경 없음을 텍스트로 나타내기

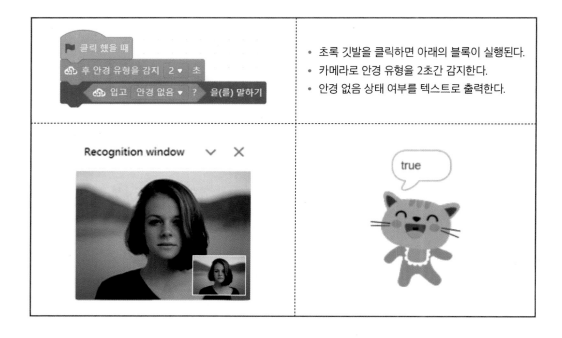

- 초록 깃발을 클릭하면 아래의 블록이 실행된다.
- 카메라로 안경 유형을 2초간 감지한다.
- 안경 없음 상태 여부를 텍스트로 출력한다.

📝 **TRY IT**

- 선글라스, 독서 안경, 수영 고글을 착용하고 감지하면 'false'가 출력되는 것을 확인해보자.
- 실제 안경이 아닌 종이로 그린 안경을 쓰고 감지하면 어떤 결과가 출력되는지 알아보자.

3 인공지능 실험하기

▶ **안경 유형 착용 여부를 한글로 대답하는 고양이**

위의 고양이는 '인공지능 따라하기' 파트에서와 다르게 한국어로 결과를 말한다. 영어가 아닌 한국어로 결과 대답하게 하려면 어떤 블록이 필요할까?

1 안경 유형 결과 번역하기

① 스프라이트 선택 후 왼쪽 '번역하기' 항목을 선택한다.

② 번역하기 블록을 활용하여 선글라스를 쓰고 있는지 확인한 결과를 한국어로 번역하게 한다.

2 안경 유형이 맞는지 말하기

① '~을(를) 말하기' 블록을 가져온다.

② 말하기 블록을 활용하면 쓰고 있는 안경 유형이 선글라스가 맞는지 한국어로 말해준다.

3 안경 유형 감지 블록과 결합하여 명령 블록 완성하기

① 명령 블록을 완성한 후 안경 유형을 감지해 결과를 확인한다.

 안경 유형은 선글라스 외에 독서 안경, 수영 고글, 안경 없음 중 하나를 선택해도 된다.

▶ 안경 착용 여부를 텍스트로 설명하는 고양이

위의 고양이는 독서 안경을 쓴 경우와 쓰지 않은 경우 두 가지로 나누어 문장으로 설명해 주고 있다. 안경 유형을 감지한 후 독서 안경을 쓴 경우 '독서 안경 썼구나'라고 설명하고 독서 안경을 쓰지 않은 경우 '독서 안경 안 썼구나'라고 설명하는 고양이를 만들려면 어떤 블록들이 필요할까?

1 독서 안경을 쓴 경우의 블록 만들기

① 스프라이트 선택 후 왼쪽 '연산' 항목에서 아래 블록을 가져온다.

② 연산 블록을 활용하여 독서 안경을 쓰고 있다면 true라는 코드를 만들어준다.

독서 안경을 쓴 경우 'true'를 출력하고 쓰지 않은 경우 'false'를 출력한다. 그러므로 카메라에 독서 안경을 쓴 사람을 인식한 경우로 수식을 완성하려면 수식 블록 오른쪽에 'true'를 적으면 된다.

2 독서 안경 인식 결과 참과 거짓인 경우의 조건문 만들기

① 스프라이트 선택 후 왼쪽 '제어' 항목에서 아래 블록을 가져온다.

② 위에서 만든 독서 안경 인식 결과 블록을 조건문 블록에 삽입한다.

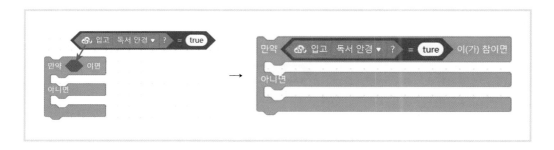

3 독서 안경 착용 여부를 말하기

① 형태 블록을 활용하여 하나는 '독서 안경 썼구나'를, 다른 하나는 '독서 안경 안 썼구나'를 말하도록 한다.

```
독서 안경 썼구나 을(를) 말하기        독서 안경 안 썼구나 을(를) 말하기
```

② ①에서 만든 블록을 삽입하여 아래와 같이 명령 블록을 완성한 후 안경 유형을 감지해 본다.

```
▶ 클릭 했을 때
후 안경 유형을 감지 1 ▼ 초
만약   입고   독서 안경 ▼   ?   =   ture   이(가) 참이면
    독서 안경 썼구나 을(를) 말하기
아니면
    독서 안경 안 썼구나 을(를) 말하기
```

독서 안경 쓴 고양이

위의 고양이는 안경 유형을 감지한 후 사람을 따라 쓴 모습이다. 고양이 스프라이트에게 안경을 쓰게 하려면 어떤 기능들이 필요할까? 사람이 독서 안경을 쓴 경우에만 따라 쓰려면 어떤 블록을 사용하면 좋을지 생각해보자.

1 고양이 모양 하나 더 만들기

① 스프라이트 선택 후 오른쪽 하단에 ⟨ 모양 ⟩을 선택한다.

② 왼쪽 그림과 같이 뜨면 오른쪽 그림처럼 cat5 모양에 마우스 오른쪽을 클릭한 후 '복사'를 누른다. 아래와 같이 고양이 모양이 복사된 것을 확인한다.

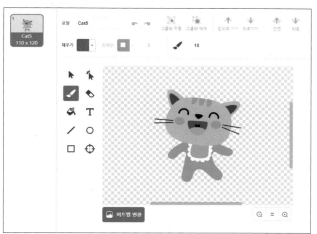

2 고양이에게 안경 그려주기

① 왼쪽 그리기 도구들을 활용하여 고양이에게 안경을 그려 넣는다.

② 모양의 이름을 '안경 쓴 고양이'로 바꾼다.

③ 'x' 버튼을 클릭하여 명령 블록으로 돌아간다.

3 '안경 쓴 고양이'로 모양 바꾸기

① 스프라이트 선택 후 왼쪽 '형태' 항목에서 아래 블록을 두 번 가져온다.

② 위에서 가져온 블록 중 하나를 ▼을 눌러 오른쪽 그림과 같이 바꾼다.

4 독서 안경을 쓴 경우 수식 만들기

① 스프라이트 선택 후 왼쪽 '연산' 항목에서 ⬡＝⬡ 블록을 가져온다.

② 연산 블록을 활용하여 독서 안경을 쓰고 있다면 true라는 코드를 만들어준다.

독서 안경을 쓴 경우 'true'를 출력하고 쓰지 않은 경우 'false'를 출력하므로 수식 블록 오른쪽에 'true'를 적어야 카메라에 독서 안경을 쓴 경우를 지정할 수 있다.

5   독서 안경을 쓴 경우의 조건문 만들기

① 스프라이트 선택 후 왼쪽 '제어' 항목에서 아래 블록을 가져온다.

② 위에서 만든 독서 안경 인식 결과 블록을 조건문 블록에 삽입한다.

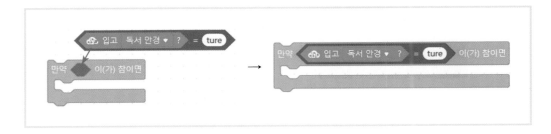

6   독서 안경을 쓴 것을 인식한 경우 고양이도 안경 쓰도록 만들기

① 아래와 같이 명령 블록을 완성한 후 사람이 독서 안경을 쓴 경우 고양이도 안경을 쓰는지 확인해보자.

4   인공지능 개발하기

(1) 10명의 안경 유형을 감지해 말한 뒤 리스트를 만드는 고양이를 만들어보자.

이렇게 해봐요!

- 변수에서 '리스트'를 사용해 10명의 안경 유형을 리스트에 추가하도록 해보세요.

- 각각의 안경 유형에 따라 조건문을 따로 만들어보세요.

- 안경 유형을 리스트에 추가하기 전 음성으로 말하도록 해보세요.

스프라이트	고양이(자신이 원하는 스프라이트 선택 가능)

사용 블록	기능 설명
![플래그 클릭 했을 때]	1. 자신이 원하는 스프라이트를 선택하고 불러온다. 2. ① 블록을 사용하여 시작 신호를 정한다. 3. ②블록으로 10번 반복하도록 한 후 ②블록 안에 ④ 블록을 넣어 10명의 안경 유형을 감지한다. 4. ⑤와 ⑥ 블록으로 안경 유형이 true인 경우의 등식을 만든 후, ③ 블록에 삽입한다. 5. ⑦과 ⑧ 블록으로 예를 들어 선글라스를 착용한 경우 '선글라스'라고 말한 후 리스트에 '선글라스' 항목을 추가하도록 한다. 리스트에 추가한 후 ⑨ 블록으로 3초간 기다리게 하는 동안 다음 사람이 카메라 앞에 서도록 한다. 6. 4번과 5번의 과정을 선글라스, 독서 안경, 수영 고글, 안경 없음 각각 반복하도록 명령 블록을 만든다.
② 번 반복하기	
③ 만약 ◆ 이(가) 참이면	
④ 후 안경 유형을 감지 2 ▼ 초	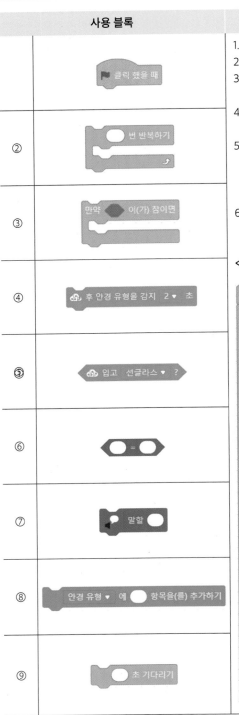
⑤ 입고 선글라스 ▼ ?	**<예시 답안>**
⑥ ◆ = ◆	
⑦ 말할 ◆	
⑧ 안경 유형 ▼ 에 ◯ 항목을(를) 추가하기	
⑨ ◯ 초 기다리기	

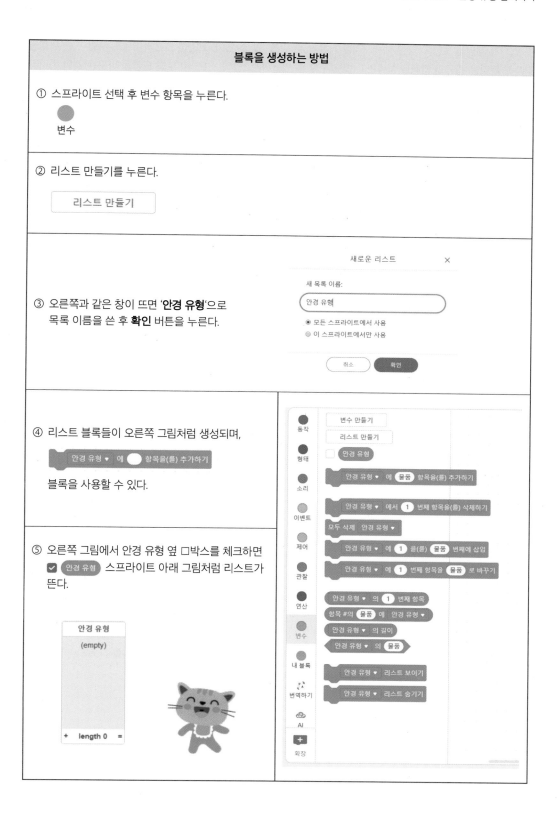

블록을 생성하는 방법

① 스프라이트 선택 후 변수 항목을 누른다.

변수

② 리스트 만들기를 누른다.

리스트 만들기

③ 오른쪽과 같은 창이 뜨면 '**안경 유형**'으로 목록 이름을 쓴 후 **확인** 버튼을 누른다.

새로운 리스트   ✕

새 목록 이름:

안경 유형

◉ 모든 스프라이트에서 사용
◉ 이 스프라이트에서만 사용

취소   확인

④ 리스트 블록들이 오른쪽 그림처럼 생성되며,

안경 유형 ▼ 에 ◯ 항목을(를) 추가하기

블록을 사용할 수 있다.

⑤ 오른쪽 그림에서 안경 유형 옆 □박스를 체크하면 ☑ 안경 유형 스프라이트 아래 그림처럼 리스트가 뜬다.

안경 유형

(empty)

+   length 0   =

동작
형태
소리
이벤트
제어
관찰
연산
변수
내 블록
번역하기
AI
확장

변수 만들기
리스트 만들기
☐ 안경 유형

안경 유형 ▼ 에 물품 항목을(를) 추가하기

안경 유형 ▼ 에서 1 번째 항목을(를) 삭제하기

모두 삭제 안경 유형 ▼

안경 유형 ▼ 에 1 을(를) 물품 번째에 삽입

안경 유형 ▼ 에 1 번째 항목을 물품 로 바꾸기

안경 유형 ▼ 의 1 번째 항목

항목 #의 물품 에 안경 유형 ▼

안경 유형 ▼ 의 길이

안경 유형 ▼ 의 물품

안경 유형 ▼ 리스트 보이기

안경 유형 ▼ 리스트 숨기기

옷 입히기 게임을 보면 다양한 액세서리를 착용할 수 있게 할 수 있다. 고양이 스프라이트도 사람이 쓴 안경을 감지해 똑같은 종류의 안경을 착용하고 벗도록 할 수 있을까? 고양이 스프라이트의 모양을 바꾸는 것이 아니라 독서안경, 선글라스, 수영 고글을 스프라이트로 각각 추가하면 가능할 것이다. 이 프로그램을 엠블록으로 만들려면 어떤 블록들이 필요할지 잠시 생각해보자.

사람이 쓴 안경 종류에 따라 고양이 스프라이트가 같은 안경 종류를 쓰는 프로그램을 만들어보자.

프로그램 조건

1. 선글라스, 독서안경, 수영 고글 각각 스프라이트로 추가한다.
2. 사람이 선글라스를 쓴 경우 선글라스 스프라이트가 보이기를 해야 하며, 독서 안경, 수영 고글 스프라이트는 숨기기를 해야 한다.
3. 선글라스, 독서 안경, 수영 고글 스프라이트는 방송하기 블록에 따라 보이기와 숨기기를 하도록 한다.
4. 계속 반복하기로 계속해서 안경 유형을 감지하도록 한다.

HONEY TIP!

1. 를 누르면 독서 안경, 선글라스, 수영 고글 스프라이트를 추가할 수 있다.

2. 선글라스를 쓴 경우의 등식은 아래와 같이 만든다.

3. 고양이 스프라이트에 아래 블록들을 활용한다. (오른쪽 그림은 선글라스인 경우의 예시이다.)

4. '~을(를) 받았을 때' 블록을 독서 안경, 선글라스, 수영 고글 스프라이트의 명령 블록 시작으로 정한 후 '**보이기**'와 '**숨기기**' 블록을 사용해 명령 블록을 만든다.

   왼쪽 그림은 선글라스 스프라이트 블록의 예시이다.

CHAPTER 10
음성 인식하기

1 인공지능 소개하기

- 정해진 시간 동안 음성을 인식한다.
- 인식한 음성 결과를 출력한다.
  (결과 출력 확인을 위하여 결과를 확인할 수 있는 블록을 함께 사용한다.)

블록	기능 설명
영어 ▾ 을(를) 2 ▾ 초간 음성 인식합니다. ✓ 2 5 10	마이크에 입력된 소리를 2초 동안 인식한다. (2초, 5초, 10초로 인식하는 시간을 조절할 수 있다.)
영어 ▾ 을(를) 2 ▾ 초간 음성 인식합니다. 중국어(단순화) 광둥어(전통) Mandarin_Taiwan(전통) ✓ 영어 프랑스어 독일어 이탈리아어 스페인어	마이크에 입력된 영어를 2초 동안 인식한다. (영어 외에도 중국어, 프랑스어, 이탈리아어, 스페인어 등을 음성 인식할 수 있다.)
음성인식 결과 음성인식 결과 을(를) 말하기	'~을(를) 말하기' 블록을 함께 사용하여 음성 인식 결과를 나타낸다.

2 인공지능 따라하기

 모듈 ① 영어 음성을 인식하여 텍스트로 나타내기

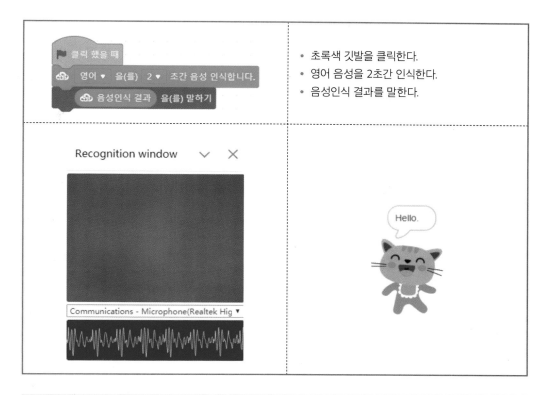

- 초록색 깃발을 클릭한다.
- 영어 음성을 2초간 인식한다.
- 음성인식 결과를 말한다.

TRY IT

- 자신이 알고 있는 다양한 영어를 말해보자.
- 음성을 인식하는 시간을 조절해보자.
- 음성 인식 결과를 정해진 시간 동안 말할 수 있도록 바꿔보자.
- 만약 한국어를 말한다면 어떻게 될지 확인해보자.

모듈 ② 여러 외국 인사말을 인식하여 텍스트로 나타내기

 TRY IT

• 자신이 알고 있는 다양한 외국어를 말해보자.

3 인공지능 실험하기

▶ 말하는 도형을 그려주는 연필

 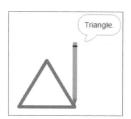

위의 연필은 도형의 이름을 말하면 해당하는 도형을 그려주는 연필이다. 어떤 블록을 사용하면 좋을지 생각해 보자.

I '펜' 확장 블록 생성하기

① 오른쪽 하단의 스프라이트를 선택 후 명령어 블록 하단의 '확장'을 클릭한다.

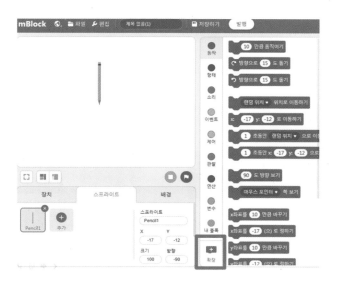

② 확장 센터에서 '펜'을 추가한다.

③ '펜' 블록이 생성되었는지 확인한다.

2 '펜' 확장 블록으로 삼각형 그리기

① 펜 스프라이트가 무대에서 나타날 수 있도록 펜 색깔과 펜 굵기를 정해준다.

② 삼각형을 그리기 위해 100 만큼 이동하고 오른쪽으로 120도 돌기를 세 번 반복한다.

③ 처음 정했던 펜 색과 펜 굵기 명령 블록 아래 삼각형을 그릴 수 있는 명령 블록을 넣어 준다.

3 완성된 삼각형 그리기 블록을 음성 인식 블록과 결합하여 명령 블록 완성하기

① '연산' 항목에서  블록을 가져온다.

② '음성인식 결과는 Triangle.과 같다.' 는 블록을 만든다.

4 음성 인식 블록과 결합하여 명령 블록 완성하기

📋 **TRY IT**

• 사각형(Square), 원(Circle)을 말하면 그려주는 연필도 만들어보자.

절대음감 게임

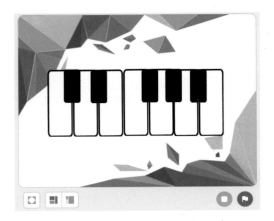

피아노 건반을 연주하면 해당 음이 연주된다. 다른 친구에게 이 음이 몇 번째 음일지 맞혀 보라고 하여 그 음을 맞히면 "정답입니다." 라고 말해주는 게임이다. 어떤 블록을 사용하면 좋을지 생각해 보자.

I 원하는 배경 추가하기

① 배경 탭을 클릭하고 + 버튼을 클릭하여 원하는 배경을 선택하여 배경을 추가한다.

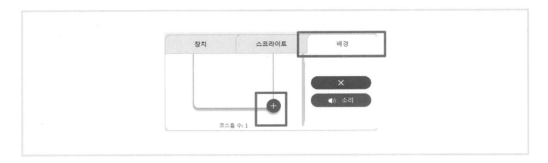

2 피아노 건반을 만들기 위한 아이콘 스프라이트 추가하기

① 스프라이트 탭에서 +추가 버튼을 클릭하고 아이콘 탭의 button 3을 선택하여 스프라이트를 추가한다.

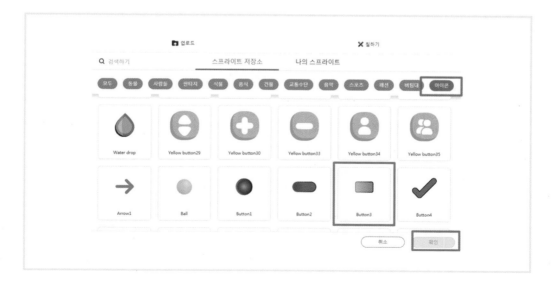

② 아이콘 스프라이트 탭에서 모양 버튼 클릭하여 피아노 건반 모양으로 바꿔준다.

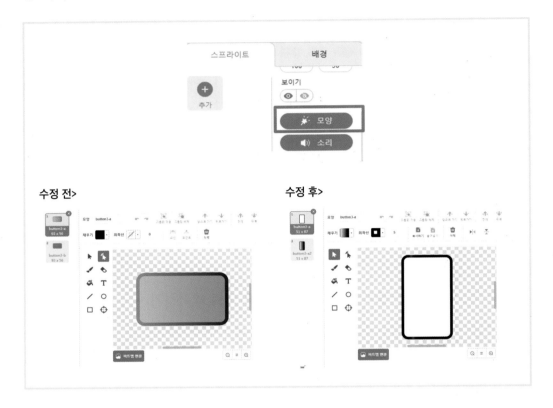

📝 **TRY IT**

- 화살표를 클릭하여 개체 선택하기를 통해 뒤에 있는 큰 사각형은 삭제한다.
- 사각형을 세로로 바꾸고 채우기를 흰색, 윤곽선은 검정색, 굵기 5로 바꿔준다.
- 기존의 모양 2는 지우고 수정한 모양 1을 복사한다.
- 건반을 누를 때 색깔을 다르게 하기 위해 복사된 모양 2의 채우기 효과로 회색 그라데이션을 준다.

3 **소리 확장 블록 추가하기**

확장 센터에서 "음악" 블록을 추가한다.

4 피아노 "도" 건반 완성하기

① 초록 깃발을 클릭했을 때에는 첫 번째 흰 건반의 모습으로 바꾼다.

② 이 스프라이트를 클릭했을 때 피아노의 "도"음을 연주하고 형태 블록의 '다음 모양으로 바꾸기' 블록을 삽입하여 건반이 눌러지는 효과를 나타낸다.

5 텍스트 음성 변환으로 몇 번째 음인지 물어보기

① 확장 센터에서 "텍스트 음성 변환" 블록을 추가한다.

② 음성 말하기 블록을 활용해 질문을 한다.

6 확장 센터의 "음성 인식" 블록 추가하여 영어 음성 인식하기

① 음성 인식 블록으로 영어 음성을 인식한다. 텍스트 음성 변환 블록을 활용해 정답 여부를 알려준다.

7 완성된 "도" 스프라이트를 복사하여 레, 미, 파, 솔, 라, 시 추가하기

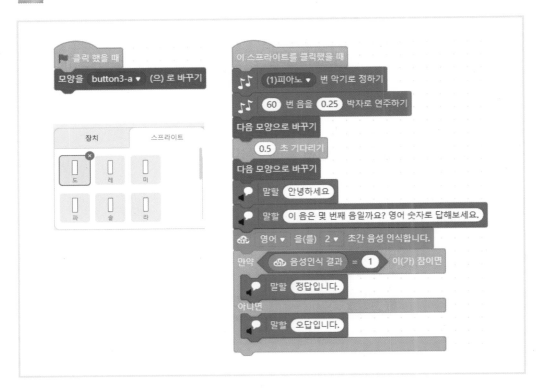

📝 **TRY IT**

- 60번 음이 "도", 62번 음이 "레", 64번 음이 "미", 66번 음이 "파", 68번 음이 "솔", 70번 음이 "라", 72번 음이 "시" 이다.
- 레는 두 번째 음이기 때문에 레 스프라이트에서 "음성인식 결과=2" 로 수정되어야 한다.
- 검정 건반도 추가해보자.

4 인공지능 개발하기

(1) 목표물을 향해 공을 차는 게임을 만들어보자.

💬 **이렇게 해봐요!**

- 공과 사람의 처음 시작 위치를 정해줘요.
- '공을 차!' 라는 영어인 "Kick the ball." 영어 음성 인식을 시켜요.
- 인공지능이 인식한 음성이 맞으면 공이 골대를 향해 움직여요.

스프라이트	공을 차는 사람, 축구공

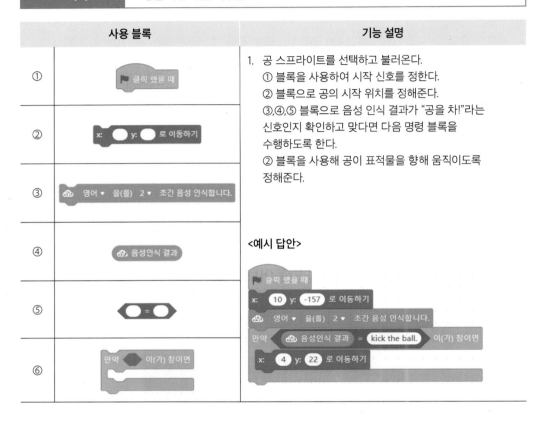

사용 블록	기능 설명

사용 블록:

① 클릭 했을 때

② x: ◯ y: ◯ 로 이동하기

③ 영어 ▾ 을(를) 2 ▾ 초간 음성 인식합니다.

④ 음성인식 결과

⑤ ◯ = ◯

⑥ 만약 ◇ 이(가) 참이면

기능 설명:

1. 공 스프라이트를 선택하고 불러온다.
   ① 블록을 사용하여 시작 신호를 정한다.
   ② 블록으로 공의 시작 위치를 정해준다.
   ③,④,⑤ 블록으로 음성 인식 결과가 "공을 차!"라는
   신호인지 확인하고 맞다면 다음 명령 블록을
   수행하도록 한다.
   ② 블록을 사용해 공이 표적물을 향해 움직이도록
   정해준다.

<예시 답안>

클릭 했을 때
x: 10 y: -157 로 이동하기
영어 ▾ 을(를) 2 ▾ 초간 음성 인식합니다.
만약 음성인식 결과 = kick the ball. 이(가) 참이면
   x: 4 y: 22 로 이동하기

(2) 움직이는 목표물에 공을 맞히면 점수가 올라가는 게임을 만들어보자.

이렇게 해봐요!

- 랜덤으로 움직일 수 있는 목표물 스프라이트를 추가해줘요.

- 목표물을 맞힐 때마다 점수가 올라갈 수 있게 "점수" 라는 변수를 추가해줘요.

- 처음 시작할 때는 점수를 0으로 설정하고 공이 목표물 닿을 때마다 점수를 1점씩 올려줘요.

- 목표물이 골대 안에서 랜덤으로 움직일 수 있도록 임의의 수를 활용해요.

- 질문, 게임 시작과 같은 신호를 보내고 받으면서 공을 찰 수 있도록 해요.

스프라이트	공을 차는 사람, 축구공, 목표물

※ 공 스프라이트(앞에 공차기 게임 코드에 추가)

사용 블록	기능 설명

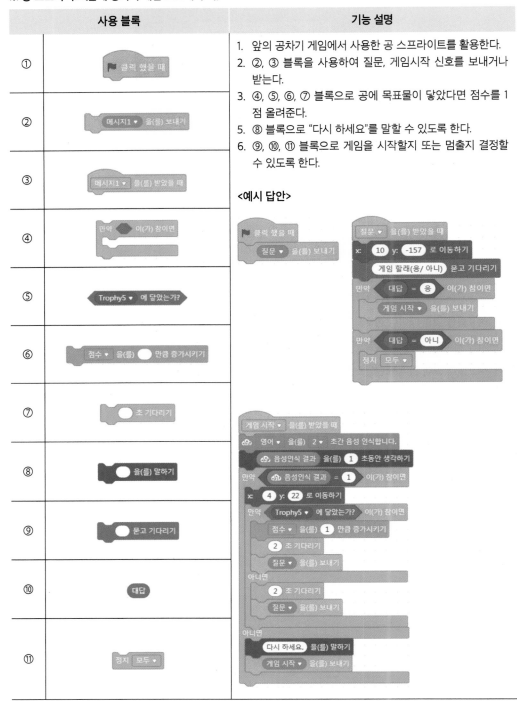

기능 설명

1. 앞의 공차기 게임에서 사용한 공 스프라이트를 활용한다.
2. ②, ③ 블록을 사용하여 질문, 게임시작 신호를 보내거나 받는다.
3. ④, ⑤, ⑥, ⑦ 블록으로 공에 목표물이 닿았다면 점수를 1점 올려준다.
5. ⑧ 블록으로 "다시 하세요"를 말할 수 있도록 한다.
6. ⑨, ⑩, ⑪ 블록으로 게임을 시작할지 또는 멈출지 결정할 수 있도록 한다.

<예시 답안>

※ 목표물 스프라이트

사용 블록	기능 설명
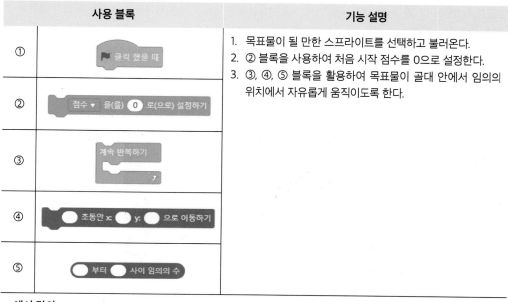	1. 목표물이 될 만한 스프라이트를 선택하고 불러온다. 2. ② 블록을 사용하여 처음 시작 점수를 0으로 설정한다. 3. ③, ④, ⑤ 블록을 활용하여 목표물이 골대 안에서 임의의 위치에서 자유롭게 움직이도록 한다.

<예시 답안>

---

① 두 번째 게임에서는 "Kick the ball." 대신 "One" 이라는 명령어로 게임을 진행했다. 더 빠른 인식 및 게임의 진행을 위해 표현을 바꾸었으므로 자신이 원하는 다른 명령어를 사용해도 좋다.
② 목표물의 크기, 공의 크기는 게임의 난이도에 맞게 수정한다.

 TRY IT

• 공을 찰 때마다 공을 차는 것처럼 보일 수 있게 키커의 모습도 바꿔보자.

PROJECT

음성 인식 기술은 인공지능 기술과 만나 다양한 곳에서 활용되고 있다. 최근 각광받고 있는 AI 스피커나 차량 음성 인식 시스템도 그 예 중 하나다. 음성 인식 기술을 활용하면 말로 기기를 제어하고 관리할 수 있기 때문에 편리하다. IoT, AI 스피커 등에 사용되는 음성 인식 기술을 활용해서 손으로 하는 조작 없이도 음악을 들을 수도 있고, 날씨나 뉴스도 쉽게 알 수 있다. 이 중에서 날씨를 물어보고 인식하는 프로그램을 엠블록으로 만들려면 어떤 블록들이 필요할지 생각해보자.

날씨를 묻고 대답할 때 화면의 전환으로 날씨 정보를 주는 인공지능 프로그램을 만들어보자.

<출처: https://www.techm.kr/news/articleView.html?idxno=4314>

🖥️ 프로그램 조건

1. 영어로 대답하여야 하므로 It is ~. 와 같은 일정한 표현으로 대답하도록 한다.
2. 다양한 날씨에 어울리는 배경 그림이 필요하다.
3. 날씨를 답했을 때 날씨에 어울리는 배경으로 화면이 전환되어야 한다.

HONEY TIP!

1. 만약 ◆ 여(가) 참이면 / 아니면 을 활용하여 여러 가지 날씨의 종류로 조건문 블록을 만든다.

2. ◀▶ 블록을 활용하여 날씨를 인식할 수 있도록 만든다.

3. 화면 전환은 배경을 backdrop1 ▾ (으)로 바꾸기 을 활용한다.

4. 음성인식 시간을 5초 정도로 충분히 시간을 주면 인식률이 올라간다.

CHAPTER **11**
감정 인식하기

1 인공지능 소개하기

- 정해진 시간 동안 카메라에 나타난 감정을 인식한다.
- 인식한 감정(행복, 놀람 등)의 값을 이용한다.
  (결과 출력 확인을 위하여 결과를 확인할 수 있는 블록을 함께 사용한다.)

블록	기능 설명
감정 인식 1 ▼ 초	카메라에 나타난 감정을 인식한다. (인식 시간을 1, 2, 3초로 정할 수 있다.)
감정이 행복 ▼ 입니까?	감정을 8개로 나누어 인식한 후 '제어', '연산' 등의 블록과 함께 사용하여 명령을 수행한다.
행복 ▼ 값	다른 블록(동작, 형태 등)과 함께 사용하여 감정 인식 결과의 값을 나타낸다.

2   인공지능 따라하기

 모듈 ① 카메라를 이용하여 감정을 인식하고 결과로 나타내기

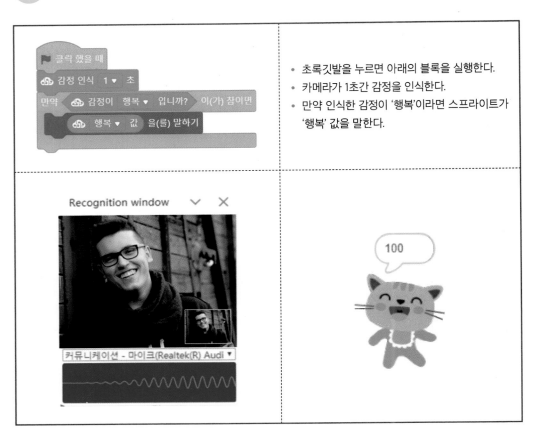

- 초록깃발을 누르면 아래의 블록을 실행한다.
- 카메라가 1초간 감정을 인식한다.
- 만약 인식한 감정이 '행복'이라면 스프라이트가 '행복' 값을 말한다.

 TRY IT

- 다양한 표정을 지으며 감정을 인식해보자.
- 감정을 인식하는 시간을 조절해보자.
- 감정 인식 결과를 정해진 시간 동안 말할 수 있도록 바꿔보자.

3 인공지능 실험하기

▶ 나의 감정을 수직선에 나타내기

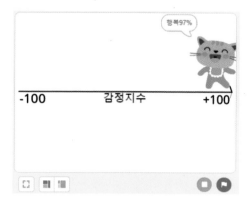

카메라로 감정을 인식하면 감정의 값만큼 좌우로 움직이고 결괏값도 말해주는 고양이의 모습이다. 앞에서 사용한 블록 외에 어떤 블록을 활용하면 좋을지 생각해보자.

I 배경에 그래프 그리기

① 왼쪽 하단의 '배경'을 선택 후 '모양'을 클릭한다.

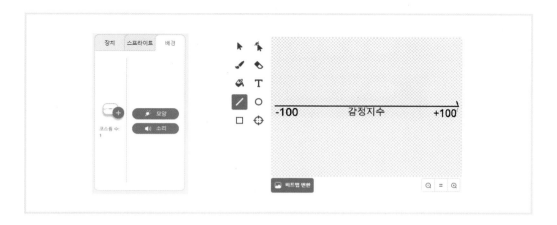

② 선, 붓, 선택하기 등을 이용하여 위와 같이 그림을 그린다.

2 인식 결과에 따라 스프라이트를 그래프에 나타내기

① '초록 깃발'을 눌렀을 때 고양이를 그래프의 기본 위치로 이동시킨다.

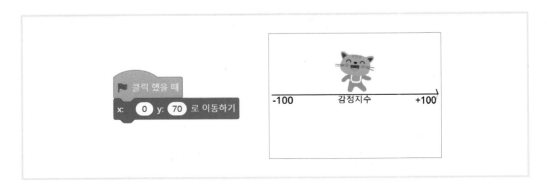

② '스페이스' 키를 눌렀을 때 감정을 인식한다.

③ 감정인식의 결과 행복이라면 행복 값을 말하고, 불행이라면 비애 값을 말하도록 한다.

④ 이때, '행복 값'만큼 오른쪽으로, '비애 값'만큼 왼쪽으로 이동시키는 블록을 추가한다.

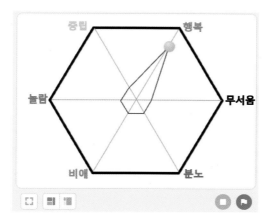

> **나의 감정을 (방사형) 그래프에 나타내기**

나의 표정을 읽고 행복, 중립, 놀람, 비애, 분노, 무서움의 값을 수치화하여 육각형의 그래프로 나타내는 프로그램이다. 인공지능 인식 블록을 활용하여 함께 만들어보자.

1   배경에 그래프 그리기

① 왼쪽 하단의 '배경'을 선택 후 '모양'을 클릭한다.

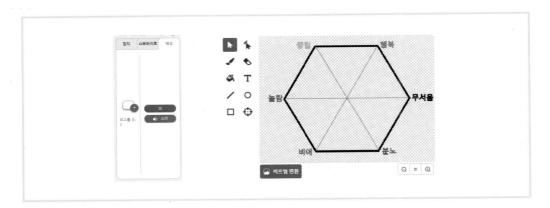

② 선, 붓, 텍스트, 선택하기 등을 이용하여 위와 같이 육각형 그래프를 그린다. 인터넷에서 그림을 업로드하면 더 깔끔한 육각형 그래프가 만들어진다.

2   인식 결과에 따라 펜을 이용해 그래프에 나타내기

① '초록 깃발'을 눌렀을 때 이전의 수행 결과를 지우고 프로그램을 설명한다. 이어서 공(펜)의 시작 위치도 정해준다.

② 펜을 올린 상태에서 x, y좌표를 모두 삭제하고 펜 굵기를 1로 정한 블록을 위 블록에 삽입한다.

③ 스페이스 키를 누르면 감정 인식을 시작하고, 그 값을 그래프 위에서 움직이면서 말할 수 있도록 명령 블록을 추가한다. (이때, 움직임의 기본값을 정해 감정 인식 결과가 0 이어도 그래프에 표시될 수 있도록 +30 만큼 더 움직이게 한다.)

④ 반복되는 코드를 하나로 묶기 위해 '내 블록'한 감정을 인식할 때마다 그 값을 기억했다가 그 다음 감정으로 넘어가야 하므로 "내 블록"을 만든다. (내 블록의 이름은 임의로 설정해도 되지만 아래에 하나로 묶을 코드를 간단히 나타낼 수 있는 이름으로 지으면 좋다.)

⑤ 내 블록에 인식한 감정에 따라 공이 움직인 x, y좌표를 기억할 수 있도록 '변수'에서 '리스트'를 만들어 추가한다. 기억해야 할 것은 x, y좌표 두 가지이므로 리스트를 두 개 만든다.

⑥ 공(펜)의 움직임을 눈으로 볼 수 있게 0.5초씩 시간을 주며, 인식한 결과만큼 움직인 후 제자리로 돌아오고, 60도 회전하여 다음 감정 인식 결과를 나타낼 준비를 한다.

⑦ 행복, 중립, 놀람, 비애, 분노, 무서움의 감정을 모두 위의 방법으로 인식할 수 있도록 명령 블록을 추가한다.

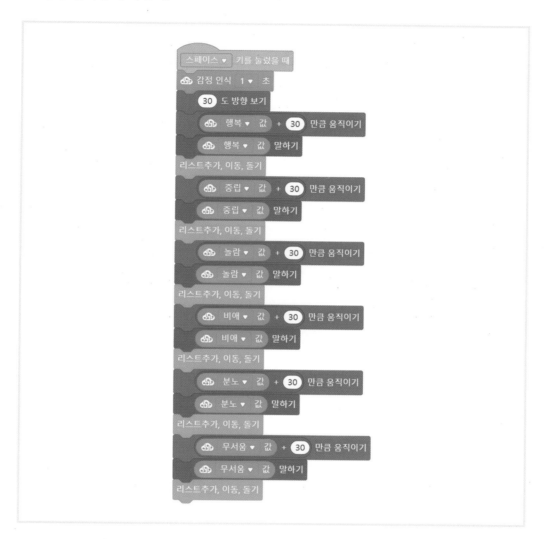

⑧ "감정 분석 중"이라는 말을 추가하여 보다 실감나는 감정 인식 그래프를 완성한다.

⑨ 인식 결과를 펜으로 그리기 전에 첫 번째로 인식했던 행복 감정 값의 x,y 좌표로 공 스
프라이트를 이동시킨다.

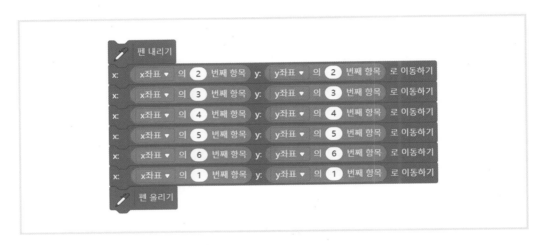

⑩ 인식한 그래프를 그리기 위해 리스트에 저장해 둔 x,y좌표로 공이 이동할 수 있도록
명령 블록을 추가한다.

4　인공지능 개발하기

(1)　감정을 인식하여 적절한 말을 해주는 인공지능 스피커를 만들어보자.

🗨 이렇게 해봐요!

- 더 실감나는 스피커를 위해 주인의 이름을 물어봐요.
- 텍스트 음성 변환을 이용해서 스피커를 구현해요.
- 감정 인식을 한 후에 음성 인식을 이용해서 인식한 감정이 맞는지 확인해요.
- 인식한 결과에 따라 스피커가 적절한 반응을 할 수 있게 해줘요.

 음성 인식과 텍스트 음성 변환 블록에 대해 학습하고 진행하면 더 좋다.

스프라이트	고양이

※ 고양이 스프라이트

	사용 블록	기능 설명
	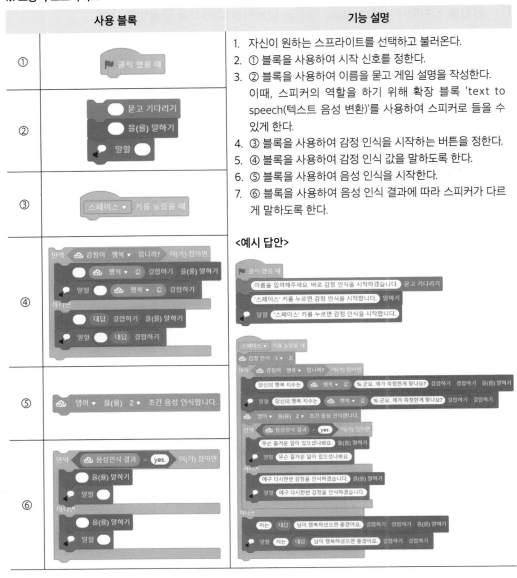	1. 자신이 원하는 스프라이트를 선택하고 불러온다. 2. ① 블록을 사용하여 시작 신호를 정한다. 3. ② 블록을 사용하여 이름을 묻고 게임 설명을 작성한다. 이때, 스피커의 역할을 하기 위해 확장 블록 'text to speech(텍스트 음성 변환)'를 사용하여 스피커로 들을 수 있게 한다. 4. ③ 블록을 사용하여 감정 인식을 시작하는 버튼을 정한다. 5. ④ 블록을 사용하여 감정 인식 값을 말하도록 한다. 6. ⑤ 블록을 사용하여 음성 인식을 시작한다. 7. ⑥ 블록을 사용하여 음성 인식 결과에 따라 스피커가 다르게 말하도록 한다. <예시 답안>

 기다리는 시간이 너무 짧으면 인식 결과가 제대로 전달되지 않을 수 있다. 따라서 카메라 실행 및 인식 시간을 고려하여 시간을 여유롭게 설정하도록 한다.

(2) 여러 가지 인식 서비스를 이용해 마술을 부리는 마법사를 만들어보자.

🗨 **이렇게 해봐요!**

- 1~3까지의 숫자를 눌러 다양한 마술을 선택할 수 있어요.

- 1을 눌러서 얼굴에 나타난 행복의 크기만큼 하트가 커지도록 해봐요.

- 2를 눌러서 머리의 상하 각도만큼 마법사가 움직이도록 해봐요.

- 3을 눌러서 인사말에 따라 마법사가 사라지거나 친구를 나타나게 해봐요.

스프라이트	마법사, 하트, 소년

배경	무대

※ 마법사 스프라이트 - (1) 시작하는 말 만들기

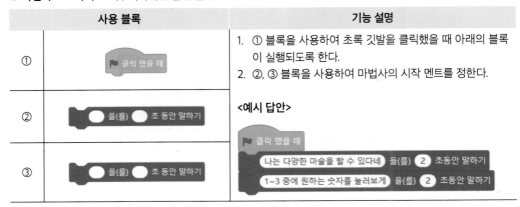

	사용 블록	기능 설명
①	🏳 클릭 했을 때	1. ① 블록을 사용하여 초록 깃발을 클릭했을 때 아래의 블록 이 실행되도록 한다. 2. ②, ③ 블록을 사용하여 마법사의 시작 멘트를 정한다. **＜예시 답안＞** 🏳 클릭 했을 때 나는 다양한 마술을 할 수 있다네 을(를) 2 초동안 말하기 1~3 중에 원하는 숫자를 눌러보게 을(를) 2 초동안 말하기
②	⬤ 을(를) ⬤ 초 동안 말하기	
③	⬤ 을(를) ⬤ 초 동안 말하기	

※ 마법사 스프라이트 - (2) 감정인식 마술 만들기

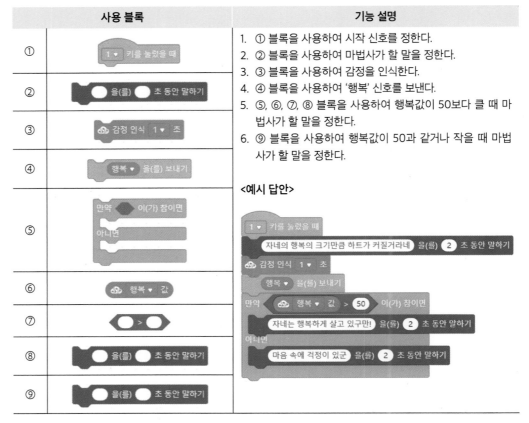

	사용 블록	기능 설명
①	1 ▼ 키를 눌렀을 때	1. ① 블록을 사용하여 시작 신호를 정한다. 2. ② 블록을 사용하여 마법사가 할 말을 정한다. 3. ③ 블록을 사용하여 감정을 인식한다. 4. ④ 블록을 사용하여 '행복' 신호를 보낸다. 5. ⑤, ⑥, ⑦, ⑧ 블록을 사용하여 행복값이 50보다 클 때 마 법사가 할 말을 정한다. 6. ⑨ 블록을 사용하여 행복값이 50과 같거나 작을 때 마법 사가 할 말을 정한다.
②	⬤ 을(를) ⬤ 초 동안 말하기	
③	감정 인식 1 ▼ 초	
④	행복 ▼ 을(를) 보내기	
⑤	만약 ◆ 이(가) 참이면 / 아니면	**＜예시 답안＞** 1 ▼ 키를 눌렀을 때 자네의 행복의 크기만큼 하트가 커질거라네 을(를) 2 초 동안 말하기 감정 인식 1 ▼ 초 행복 ▼ 을(를) 보내기 만약 행복 ▼ 값 > 50 이(가) 참이면 자네는 행복하게 살고 있구만! 을(를) 2 초 동안 말하기 아니면 마음 속에 걱정이 있군 을(를) 2 초 동안 말하기
⑥	행복 ▼ 값	
⑦	⬤ > ⬤	
⑧	⬤ 을(를) ⬤ 초 동안 말하기	
⑨	⬤ 을(를) ⬤ 초 동안 말하기	

※ 마법사 스프라이트 - (3) 머리 제스처 감지 마술 만들기

사용 블록	기능 설명
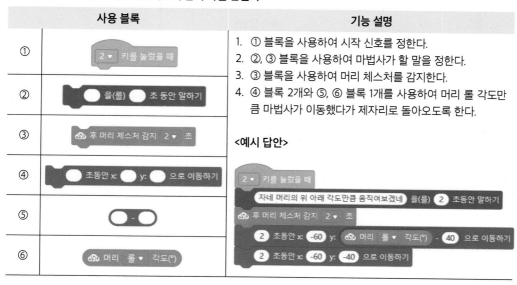	1. ① 블록을 사용하여 시작 신호를 정한다. 2. ②, ③ 블록을 사용하여 마법사가 할 말을 정한다. 3. ③ 블록을 사용하여 머리 체스처를 감지한다. 4. ④ 블록 2개와 ⑤, ⑥ 블록 1개를 사용하여 머리 롤 각도만 큼 마법사가 이동했다가 제자리로 돌아오도록 한다. **<예시 답안>**

※ 마법사 스프라이트 - (4) 음성 인식 마술 만들기

사용 블록	기능 설명
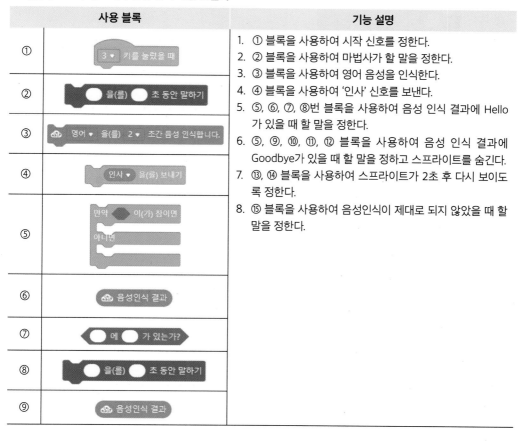	1. ① 블록을 사용하여 시작 신호를 정한다. 2. ② 블록을 사용하여 마법사가 할 말을 정한다. 3. ③ 블록을 사용하여 영어 음성을 인식한다. 4. ④ 블록을 사용하여 '인사' 신호를 보낸다. 5. ⑤, ⑥, ⑦, ⑧번 블록을 사용하여 음성 인식 결과에 Hello 가 있을 때 할 말을 정한다. 6. ⑤, ⑨, ⑩, ⑪, ⑫ 블록을 사용하여 음성 인식 결과에 Goodbye가 있을 때 할 말을 정하고 스프라이트를 숨긴다. 7. ⑬, ⑭ 블록을 사용하여 스프라이트가 2초 후 다시 보이도 록 정한다. 8. ⑮ 블록을 사용하여 음성인식이 제대로 되지 않았을 때 할 말을 정한다.

사용 블록	기능 설명

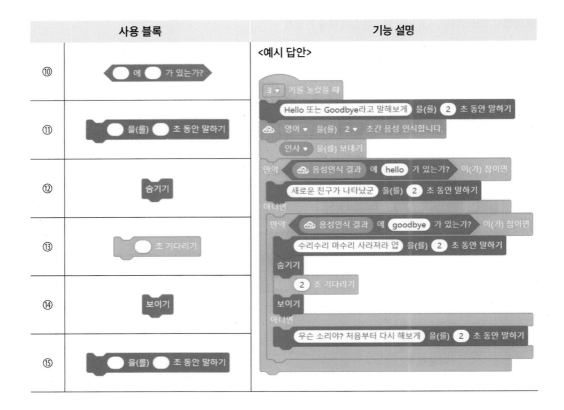

※ 하트 스프라이트 - (1) 기본값 설정하기

사용 블록	기능 설명

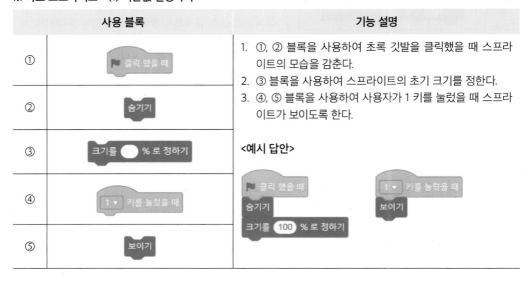

1. ①, ② 블록을 사용하여 초록 깃발을 클릭했을 때 스프라이트의 모습을 감춘다.
2. ③ 블록을 사용하여 스프라이트의 초기 크기를 정한다.
3. ④, ⑤ 블록을 사용하여 사용자가 1 키를 눌렀을 때 스프라이트가 보이도록 한다.

<예시 답안>

※ 하트 스프라이트 - (2) 신호를 받아 반응하기

사용 블록	기능 설명
① 행복 ▼ 을(를) 받았을 때	1. ① 블록을 사용하여 '행복' 신호가 오면 아래의 블록이 실행되도록 한다.
② 크기를 ◯ % 로 정하기	2. ②, ③, ④ 블록을 사용하여 행복값에 따라 50~150% 범위에서 크기를 정한다.
③ 🌐 행복 ▼ 값	3. ⑤ 블록을 사용하여 마법사가 말하는 동안 기다리도록 한다.
④ ◯ + ◯	4. ⑥, ⑦ 블록을 사용하여 스프라이트를 숨기고 크기 값을 원래대로 정한다.
⑤ ◯ 초 기다리기	**<예시 답안>** 행복 ▼ 을(를) 받았을 때 크기를 50 + 🌐 행복 ▼ 값 % 로 정하기 3 초 기다리기 숨기기 크기를 100 % 로 정하기
⑥ 숨기기	
⑦ 크기를 ◯ % 로 정하기	

※ 소년 스프라이트 - (1) 기본값 설정하기

사용 블록	기능 설명
① 🏳 클릭 했을 때	1. ①, ② 블록을 사용하여 초록 깃발을 클릭했을 때 스프라이트의 모습을 숨긴다. **<예시 답안>** 🏳 클릭 했을 때 숨기기
② 숨기기	

※ 소년 스프라이트 - (2) 신호를 받아 반응하기

사용 블록		기능 설명
①	인사 ▼ 을(를) 받았을 때	1. ① 블록을 사용하여 '인사' 신호가 오면 아래의 블록이 실행되도록 한다.
②	만약 ◆ 이(가) 참이면	2. ②, ③, ④ 블록을 사용하여 음성인식 결과에 Hello가 있는지 확인한다.
③	☁ 음성인식 결과	3. ⑤ 블록을 사용하여 음성인식 결과에 Hello가 있을 때 스프라이트가 보이도록 한다.
④	◯ 에 ◯ 가 있는가?	4. ⑥ 블록을 사용하여 음성인식 결과에 Hello가 있을 때 할 말을 정한다.
⑤	보이기	5. ⑦ 블록을 사용하여 스프라이트를 숨긴다.
⑥	◯ 을(를) ◯ 초 동안 말하기	
⑦	숨기기	

<예시 답안>

```
인사 ▼ 을(를) 받았을 때
만약 ☁ 음성인식 결과 에 Hello 가 있는가? 이(가) 참이면
    보이기
    Hi! 을(를) 2 초 동안 말하기
숨기기
```

(3) 동화 속 주인공이 되어 말과 감정을 따라 표현해보자.

이렇게 해봐요!

- 숲속에서 토끼가 거북이를 놀리는 장면, 운동장에서 달리기 시합을 하는 장면, 들판에서 거북이가 마지막 말을 하는 장면을 만들어요.
- 이야기 흐름에 맞게 주인공의 말을 영어로 따라 하고 상황에 맞는 표정을 지어요.
- 장면에 따라 말하거나 행동하는 시간을 계산해서 장면을 전환해요.

STOP

한국어 음성 인식은 제공하지 않으니 영어 음성 인식 기능을 이용한다.

스프라이트	햇님, 토끼, 거북이

배경	숲속, 운동장, 들판

※ 거북이 스프라이트

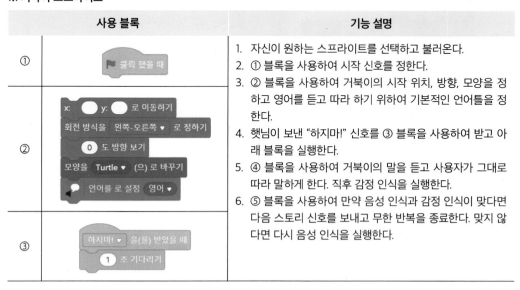

사용 블록	기능 설명
① 🏳 클릭 했을 때	1. 자신이 원하는 스프라이트를 선택하고 불러온다. 2. ① 블록을 사용하여 시작 신호를 정한다. 3. ② 블록을 사용하여 거북이의 시작 위치, 방향, 모양을 정하고 영어를 듣고 따라 하기 위하여 기본적인 언어틀을 정한다.
② x: ( ) y: ( ) 로 이동하기 / 회전 방식을 왼쪽-오른쪽 ▼ 로 정하기 / 0 도 방향 보기 / 모양을 Turtle ▼ (으)로 바꾸기 / 언어를 로 설정 영어 ▼	4. 햇님이 보낸 "하지마!" 신호를 ③ 블록을 사용하여 받고 아래 블록을 실행한다. 5. ④ 블록을 사용하여 거북이의 말을 듣고 사용자가 그대로 따라 말하게 한다. 직후 감정 인식을 실행한다. 6. ⑤ 블록을 사용하여 만약 음성 인식과 감정 인식이 맞다면 다음 스토리 신호를 보내고 무한 반복을 종료한다. 맞지 않다면 다시 음성 인식을 실행한다.
③ 하지마! ▼ 을(를) 받았을 때 / 1 초 기다리기	

사용 블록	기능 설명

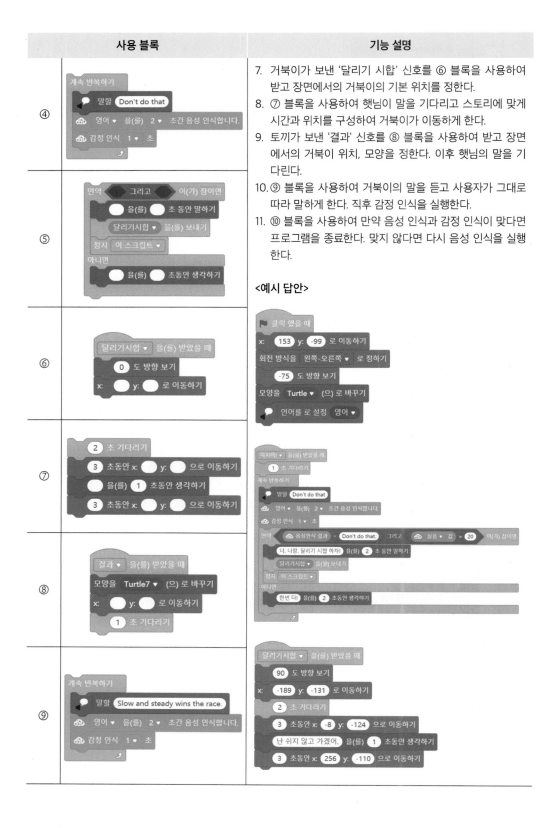

사용 블록

④
계속 반복하기
말할 Don't do that
영어 ▼ 을(를) 2 ▼ 초간 음성 인식합니다.
감정 인식 1 ▼ 초

⑤
만약 ◆ 그리고 ▶ 이(가) 참이면
⬤ 을(를) ⬤ 초 동안 말하기
달리기시합 ▼ 을(를) 보내기
정지 이 스크립트 ▼
아니면
⬤ 을(를) ⬤ 초동안 생각하기

⑥
달리기시합 ▼ 을(를) 받았을 때
0 도 방향 보기
x: ⬤ y: ⬤ 로 이동하기

⑦
2 초 기다리기
3 초동안 x: ⬤ y: ⬤ 으로 이동하기
⬤ 을(를) 1 초동안 생각하기
3 초동안 x: ⬤ y: ⬤ 으로 이동하기

⑧
결과 ▼ 을(를) 받았을 때
모양을 Turtle7 ▼ (으)로 바꾸기
x: ⬤ y: ⬤ 로 이동하기
1 초 기다리기

⑨
계속 반복하기
말할 Slow and steady wins the race.
영어 ▼ 을(를) 2 ▼ 초간 음성 인식합니다.
감정 인식 1 ▼ 초

기능 설명

7. 거북이가 보낸 '달리기 시합' 신호를 ⑥ 블록을 사용하여 받고 장면에서의 거북이의 기본 위치를 정한다.
8. ⑦ 블록을 사용하여 햇님이 말을 기다리고 스토리에 맞게 시간과 위치를 구성하여 거북이가 이동하게 한다.
9. 토끼가 보낸 '결과' 신호를 ⑧ 블록을 사용하여 받고 장면에서의 거북이 위치, 모양을 정한다. 이후 햇님의 말을 기다린다.
10. ⑨ 블록을 사용하여 거북이의 말을 듣고 사용자가 그대로 따라 말하게 한다. 직후 감정 인식을 실행한다.
11. ⑩ 블록을 사용하여 만약 음성 인식과 감정 인식이 맞다면 프로그램을 종료한다. 맞지 않다면 다시 음성 인식을 실행한다.

<예시 답안>

클릭 했을 때
x: 153 y: -99 로 이동하기
회전 방식을 왼쪽-오른쪽 ▼ 로 정하기
-75 도 방향 보기
모양을 Turtle ▼ (으)로 바꾸기
언어를 로 설정 영어

의치에 ▼ 을(를) 받았을 때
1 초 기다리기
계속 반복하기
말할 Don't do that
영어 ▼ 을(를) 2 ▼ 초간 음성 인식합니다.
감정 인식 1 ▼ 초
만약 ◆ 음성인식 결과 = Don't do that 그리고 실음 ▼ 값 > 20 ◀ 이(가) 참이면
너, 나랑. 달리기 시합 하자! 을(를) 2 초 동안 말하기
달리기시합 ▼ 을(를) 보내기
정지 이 스크립트
아니면
한번 더! 을(를) 2 초동안 생각하기

달리기시합 ▼ 을(를) 받았을 때
90 도 방향 보기
x: -189 y: -131 로 이동하기
2 초 기다리기
3 초동안 x: -8 y: -124 으로 이동하기
난 쉬지 않고 가겠어. 을(를) 1 초동안 생각하기
3 초동안 x: 256 y: -110 으로 이동하기

사용 블록	기능 설명
⑩ 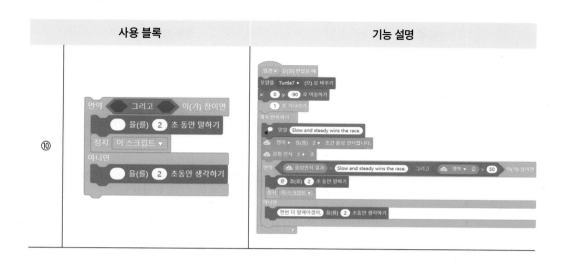	

 기다리는 시간이 너무 짧으면 인식 결과가 제대로 전달되지 않을 수 있다. 따라서 카메라 실행 및 인식 시간을 고려하여 시간을 여유롭게 설정하도록 한다.

※ 토끼 스프라이트

	사용 블록	기능 설명
①	클릭 했을 때	1. 자신이 원하는 스프라이트를 선택하고 불러온다. 2. ① 블록을 사용하여 시작 신호를 정한다. 3. ② 블록을 사용하여 토끼의 시작 위치, 모양을 정한다. 토끼를 마지막 장면에서 숨길 예정이므로 처음에는 보이게 한다. 4. 햇님이 보낸 "하지마!" 신호를 ③ 블록을 사용하여 받고 아래 블록을 실행한다. 5. ④ 블록을 사용하여 토끼가 거북이를 놀리는 동안 제자리에서 점프하게 한다. 이때 모양을 바꿔 실감나게 나타낸다. 6. 거북이가 보낸 '달리기 시합' 신호를 ⑤ 블록을 사용하여 받고 장면에서의 위치, 모양으로 바꾼다.
②	보이기 x: ◯ y: ◯ 로 이동하기 모양을 rabbit-a ▼ (으)로 바꾸기	
③	하지마! ▼ 을(를) 받았을 때 ◯ 을(를) 1 초 동안 말하기	

사용 블록	기능 설명
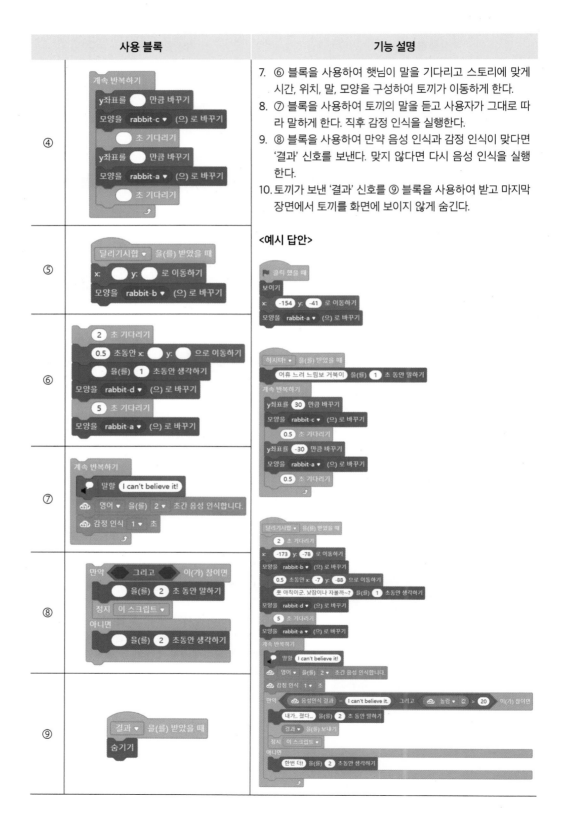	7. ⑥ 블록을 사용하여 햇님이 말을 기다리고 스토리에 맞게 시간, 위치, 말, 모양을 구성하여 토끼가 이동하게 한다. 8. ⑦ 블록을 사용하여 토끼의 말을 듣고 사용자가 그대로 따라 말하게 한다. 직후 감정 인식을 실행한다. 9. ⑧ 블록을 사용하여 만약 음성 인식과 감정 인식이 맞다면 '결과' 신호를 보낸다. 맞지 않다면 다시 음성 인식을 실행한다. 10. 토끼가 보낸 '결과' 신호를 ⑨ 블록을 사용하여 받고 마지막 장면에서 토끼를 화면에 보이지 않게 숨긴다. **<예시 답안>**

거북이, 토끼 각 스프라이트의 말과 동작이 잘 연결될 수 있도록 시간을 조정한다.

※ 햇님 스프라이트

사용 블록	기능 설명
① [클릭 했을 때]	1. 자신이 원하는 스프라이트를 선택하고 불러온다. 2. ① 블록을 사용하여 시작 신호를 정한다. 3. ② 블록을 사용하여 이야기의 앞부분을 짧게 말한다. 이후 장면을 전환하기 위해 '하지마!' 신호를 보낸다. 4. 햇님이 보낸 "하지마!" 신호를 ③ 블록을 사용하여 받고 토끼의 말을 1초 기다린 후 음성과 감정 인식에 대한 짧은 설명을 한다. 5. 거북이가 보낸 '달리기시합' 신호를 ④ 블록을 사용하여 받고 토끼와 거북이의 움직임을 기다린다. 이후 음성과 감정 인식에 대한 짧은 설명을 한다. 6. 토끼가 보낸 '결과' 신호를 ⑤ 블록을 사용하여 받고 마지막 음성과 감정 인식에 대한 짧은 설명을 한다.
② [ ]을(를) 3 초 동안 말하기 / 하지마! 을(를) 보내기	
③ 하지마! 을(를) 받았을 때 / 1 초 기다리기 / [ ]을(를) 말하기	<예시 답안>
④ 달리기시합 을(를) 받았을 때 / [ ]을(를) 2 초 동안 말하기 / 6.5 초 기다리기 / [ ]을(를) 말하기	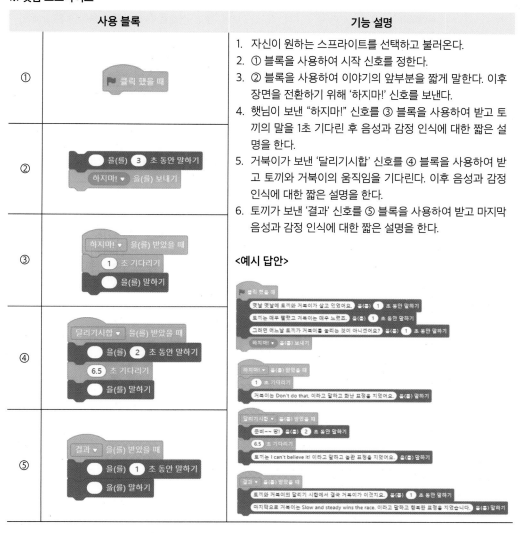
⑤ 결과 ▾ 을(를) 받았을 때 / [ ]을(를) 1 초 동안 말하기 / [ ]을(를) 말하기	

햇님 스프라이트는 해설의 역할을 하므로 각 스프라이트의 동작 시간을 생각하여 시간을 정하고 말의 내용을 자유롭게 구성한다.

※ 배경

사용 블록	기능 설명
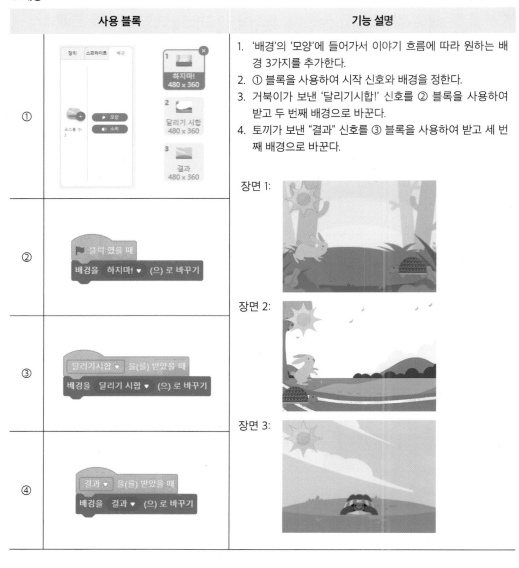	1. '배경'의 '모양'에 들어가서 이야기 흐름에 따라 원하는 배경 3가지를 추가한다. 2. ① 블록을 사용하여 시작 신호와 배경을 정한다. 3. 거북이가 보낸 '달리기시합!' 신호를 ② 블록을 사용하여 받고 두 번째 배경으로 바꾼다. 4. 토끼가 보낸 "결과" 신호를 ③ 블록을 사용하여 받고 세 번째 배경으로 바꾼다. 장면 1: 장면 2: 장면 3:

 이야기 흐름에 따라 적절하게 배경을 전환하고, 배경의 이름을 알아보기 쉽게 바꿔 복잡한 코딩을 할 때 헷갈리지 않도록 대비한다.

해당 감정을 정확하게 얼굴에 나타냈을 때 점수를 받는 프로그램을 만들어 보자.

🗂️ **프로그램 조건**

1. '감정 인식'과 '텍스트 음성 변환' 블록을 사용한다.
2. '변수'를 이용하여 점수를 보이게 한다.
3. '내 블록'을 이용하여 주 코드를 간단히 한다.
4. 4가지 감정의 문제를 내고 문제가 끝나면 받은 점수에 따라 다르게 말하게 한다.

🐝 **HONEY TIP!**

1. 확장 탭에서 [내 블록]을 추가하여 [행복 정의하기], [슬픔 정의하기], [놀람 정의하기], [화남 정의하기]로 몇 개
   의 블록을 묶어 코드를 간단히 만들 수 있다.

2. [말함 안녕하세요] 블록을 사용하여 문자를 음성으로 바꿀 수 있다.

3. 제어의 [만약 이(가) 참이면 내니면] 블록과 연산의 [◯ > 50] 블록을 사용하여 만약 인식 결괏값이 기준 이상일 때
   와 아닐 때를 나누어 스프라이트가 다르게 반응할 수 있다.

CHAPTER 12
AI service

1 인공지능 소개하기

추가된 명령 블록	확장 센터 모양	블록 설명
Speech Recognition, Text Recognition, 이미지 인식, Human Body..., Natural Langua...	AI Service 개발자: **mBlock** The extension is only available in China. Use Baidu AI service to recognize images, texts, speeches,	• 음성 인식, 텍스트 인식, 이미지 인식, 신체 인식, 자연어 인식의 5가지 범주의 블록이 추가된다. • 블록이 영어로 표시된다. • 음성, 텍스트, 이미지 인식의 경우 아래 "인식 서비스" 확장 블록에 비해 더 많은 작업이 가능하다. • 5가지 범주 안에서 심화된 작업수행이 가능하다.
AI	인식 서비스 개발자: **mBlock** 인지 서비스 API를 사용하면 비디오, 음성, 언어 및 지식과 같은 다른 기능을 추가 할 수 있습니다.	• 음성, 문자, 이미지, 나이, 감정, 성별, 안경 유형, 미소, 머리 제스처 감지 기능을 수행한다. • 블록이 한글로 표시된다. • 음성, 텍스트, 이미지 인식의 경우 위의 "AI Service" 확장 블록에 비해 간단한 작업이 가능하다. • 기초 수준의 다양한 인식 작업 수행이 가능하다.

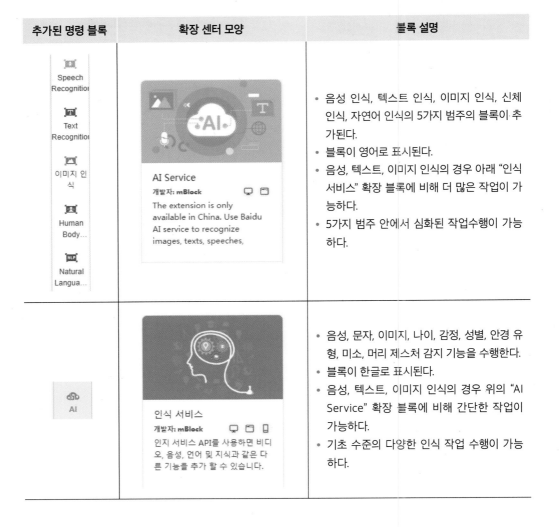

① 스프라이트 탭을 클릭하고 블록 영역의 하단에서 확장 버튼을 클릭한다.

② 확장 센터 대화 상자가 나타나면 AI service 하단의 추가를 클릭한다.

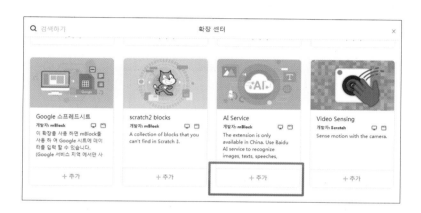

③ 편집 페이지에 음성 인식, 텍스트 인식, 이미지 인식, 인체 인식, 자연어 처리의 다섯 가지 탭이 표시된다.

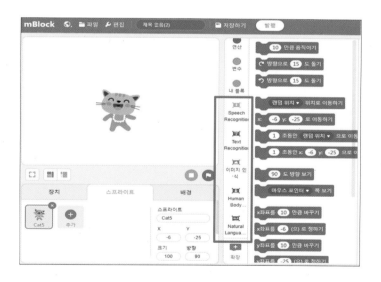

2 인공지능 따라하기

 모듈 ① 음성 인식 후 똑같이 따라 말하기

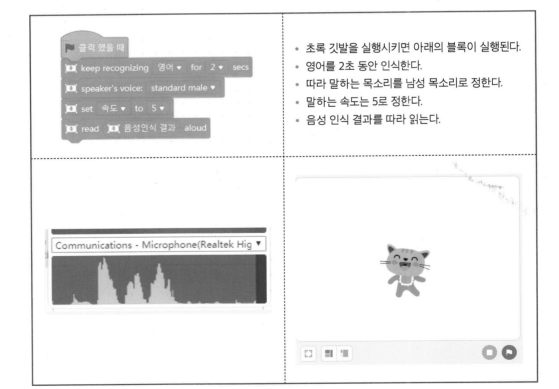

- 초록 깃발을 실행시키면 아래의 블록이 실행된다.
- 영어를 2초 동안 인식한다.
- 따라 말하는 목소리를 남성 목소리로 정한다.
- 말하는 속도는 5로 정한다.
- 음성 인식 결과를 따라 읽는다.

📝 TRY IT

- 영어 외에 중국어도 말해보자.

  (표준 중국어는 mandarin, 광둥어는 cantonese, 사천 방언은 sichuan dialect이다.)

- 따라 말하는 목소리를 여자 목소리로 바꿔보자.

  (표준 남성, 여성 / 감정을 담은 남성, 여성 목소리로 바꿀 수 있다.)

- 따라 말하는 목소리의 속도, 톤, 음량을 바꿔보자. AI Service에서만 가능한 기능이다.

모듈 ②   텍스트 인식 후 인식 결과 보여주기

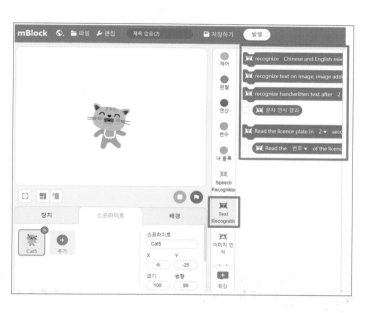

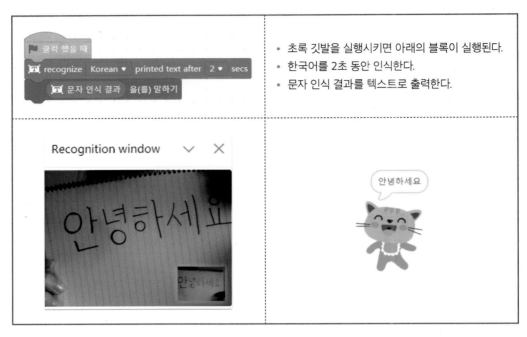

- 초록 깃발을 실행시키면 아래의 블록이 실행된다.
- 한국어를 2초 동안 인식한다.
- 문자 인식 결과를 텍스트로 출력한다.

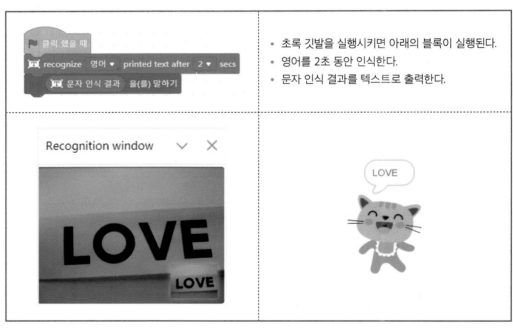

- 초록 깃발을 실행시키면 아래의 블록이 실행된다.
- 영어를 2초 동안 인식한다.
- 문자 인식 결과를 텍스트로 출력한다.

- 초록 깃발을 실행시키면 아래의 블록이 실행된다.
- 손글씨를 2초 동안 인식한다.
- 문자 인식 결과를 텍스트로 출력한다.

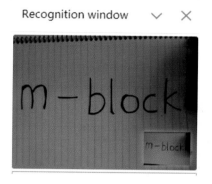

TRY IT

- 한국어 외에도 영어, 중국어, 독일어, 이탈리아어, 스페인어, 러시아어, 일본어를 인식시켜보자.
- 텍스트 인식 시간을 2초, 5초, 10초로 바꿔보자.

recognize text on image, image address: https://mblock-extend.oss-cn-shenzhen.aliyuncs.com/prod/makeblock.png

이 블록을 활용하면 이미지 주소 안에 있는 텍스트를 읽을 수 있다. 대신 정확한 텍스트 인식을 위해서는 다른 배경 없이 흰 바탕화면에 텍스트 글씨만 있을 때 가능하다.

모듈 ③ 여러 이미지를 인식하여 텍스트로 나타내기

■ **물건 인식하기**

	• 초록 깃발을 실행시키면 아래의 블록이 실행된다. • 물건을 2초 동안 인식한다. • 인식한 물건의 큰 카테고리를 한국어로 말해준다.

① 한국어 번역하기를 활용하지 않으면 중국어로 답한다. 확장 센터에서 "번역"을 추가하여 한국어로 번역하여 답하도록 한다.

② 물건 인식 결과를 큰 분류로 답을 해준다. 위의 경우에도 선풍기라고 답하지 않고 가전 제품이라고 답했다.

- **교통수단(자동차) 인식하기**

- 초록 깃발을 실행시키면 아래의 블록이 실행된다.
- 자동차를 2초 동안 인식한다.
- 차종을 인식하여 답한다.

📝 **TRY IT**

• 다양한 자동차를 인식시켜보자.
• 자동차 인식 시간을 2초, 5초, 10초로 바꿔보자.

■ **교통수단(자동차 외) 인식하기**

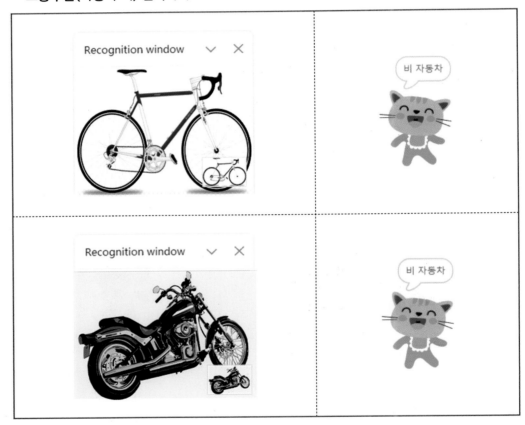

 ① vehicle 인식은 자동차 인식은 차종까지 분석해줄 정도로 정확한 결과를 보여준다.
② 자동차 외에 다른 교통수단을 인식하면 "비 자동차" 라고 인식한다.

■ 로고 인식하기

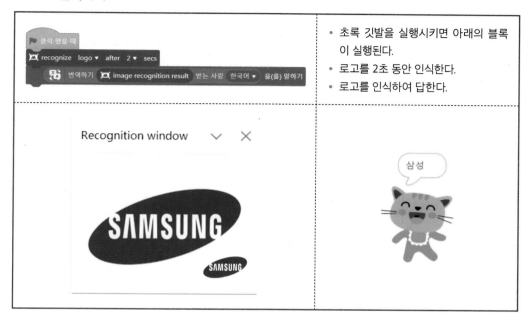

	• 초록 깃발을 실행시키면 아래의 블록이 실행된다.
	• 로고를 2초 동안 인식한다.
	• 로고를 인식하여 답한다.

TRY IT

• 생활 속 다양한 물건들의 로고를 인식시켜보자.

• 로고 인식 시간을 2초, 5초, 10초로 바꿔보자.

■ **동식물 인식하기**

- 초록 깃발을 실행시키면 아래의 블록이 실행된다.
- 동물을 2초 동안 인식한다.
- 동물을 인식하여 답한다.

- 초록 깃발을 실행시키면 아래의 블록이 실행된다.
- 식물을 2초 동안 인식한다.
- 식물을 인식하여 답한다.

📋 **TRY IT**

- 다양한 동,식물을 인식시켜보자.
- 동,식물 인식 시간을 2초, 5초, 10초로 바꿔보자.

■ 위치 인식하기

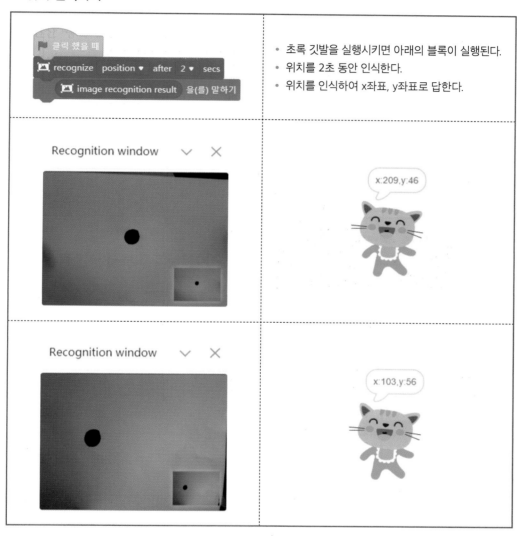

(클릭 했을 때 / recognize position ▼ after 2 ▼ secs / image recognition result 을(를) 말하기)	• 초록 깃발을 실행시키면 아래의 블록이 실행된다. • 위치를 2초 동안 인식한다. • 위치를 인식하여 x좌표, y좌표로 답한다.

📝 **TRY IT**

• 물체의 위치를 바꿔가며 위치를 인식시켜보자.

• 동,식물 인식 시간을 2초, 5초, 10초로 바꿔보자.

■ **랜드마크 인식하기**

■ 초록 깃발을 실행시키면 아래의 블록이 실행된다.
■ 랜드마크를 2초 동안 인식한다.
■ 랜드마크를 인식하여 답한다.

모듈 ④ **신체 특징을 인식하여 텍스트로 나타내기**

■ **손짓 인식하기**

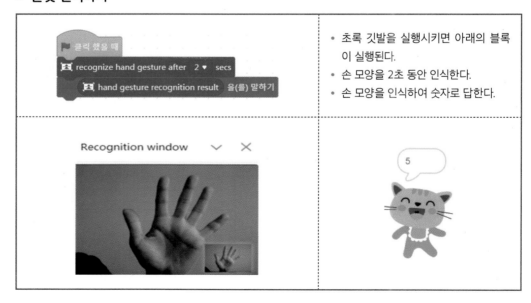

■ 초록 깃발을 실행시키면 아래의 블록이 실행된다.
■ 손 모양을 2초 동안 인식한다.
■ 손 모양을 인식하여 숫자로 답한다.

TRY IT

- 손 모양을 바꿔가며 인식시켜보자.
- 양 손을 활용해 숫자를 인식시켜보자.

■ 신체 특징 인식하기

- 초록 깃발을 실행시키면 아래의 블록이 실행된다.
- 신체 특징을 2초 동안 인식한다.
- 성별을 인식하여 한글로 답한다.

TRY IT

- 다양한 신체 특징(나이, 몸의 방향, 상하의 옷 스타일, 상하의 색깔, 안경, 모자)을 확인해보자.
- 신체 특징(나이, 몸의 방향, 상하의 옷 스타일, 상하의 색깔) 인식 시간을 바꿔보자.

① 신체 나이

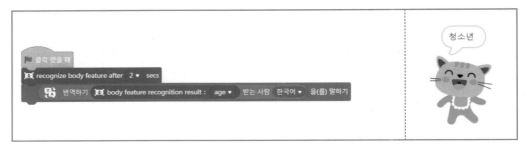

② 신체가 향하고 있는 방향(정면, 왼쪽, 오른쪽)

③ 상의 옷 스타일(긴팔, 반팔 등)

④ 하의 옷 스타일(바지, 롱 스커트, 짧은 치마 등)

⑤ 상의 옷 색

⑥ 하의 옷 색

■ **감정 인식하기**

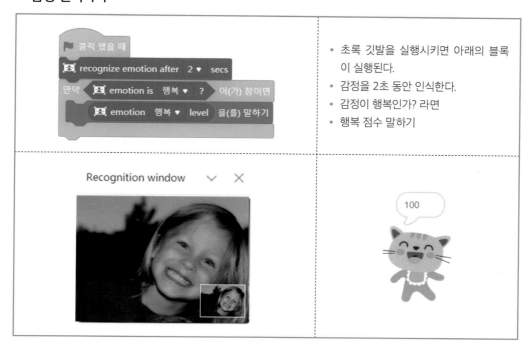

- 초록 깃발을 실행시키면 아래의 블록이 실행된다.
- 감정을 2초 동안 인식한다.
- 감정이 행복인가? 라면
- 행복 점수 말하기

TRY IT

- 다양한 감정(분노, 싫음, 무서움, 행복, 슬픔, 놀람, 무감정)을 표현해보고 그 수치를 확인해보자.
- 감정 인식 시간을 바꿔보자.

■ 신체 지점 인식하기

- 초록 깃발을 실행시키면 아래의 블록이 실행된다.
- 신체 지점을 2초 동안 인식한다.
- 오른쪽 팔꿈치의 x좌표를 인식하여 보여준다.

 TRY IT

- 다양한 신체 지점(코, 목, 어깨, 팔꿈치, 손목, 발목, 엉덩이, 무릎 등)을 확인해보자.
- x좌표, y좌표를 바꿔 확인해보자.

■ 사람 수 인식하기

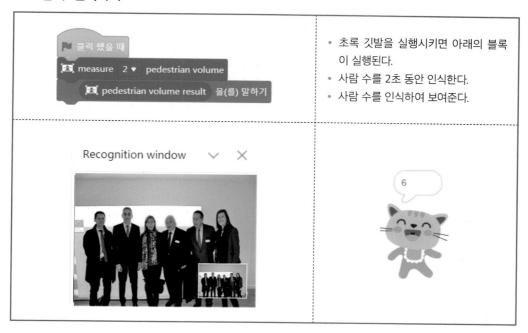

(블록 코드)	• 초록 깃발을 실행시키면 아래의 블록이 실행된다. • 사람 수를 2초 동안 인식한다. • 사람 수를 인식하여 보여준다.

 TRY IT

• 사람의 수와 인식 시간을 바꿔가며 프로그램에 인식해보자.

3 인공지능 실험하기

▶ 손가락 수만큼 분신마술을 보여주는 고양이

손가락으로 복제할 수를 보여주면 고양이가 그 수만큼 복제된다. 인공지능 서비스 블록을 활용하여 함께 만들어보자.

| 고양이 스프라이트 말하기 블록 추가하기

① 시작하기 버튼을 클릭했을 때 고양이가 "나는 분신 마술이 가능한 고양이!", "한 번에 5마리까지 분신 마술이 가능하니 손으로 표현해줘~" 라고 말한다.

2 '만약~이 참이면' 블록과 손모양 인식 블록을 결합하여 명령 블록 완성하기

① 손가락이 나타낸 수를 인식할 수 있도록 손가락이 나타낸 수가 1과 같다는 연산 블록을 만든다.

② 제어 블록의 '만약 ~이 참이면' 블록을 활용하여 인식한 손가락의 수가 1과 같다면 아래의 명령을 수행한다.

3 랜덤 위치로 이동하며 자신을 복제하는 명령 블록 추가하기

① 손모양 인식 결과 1일 때 고양이 스프라이트가 복제되며 랜덤 위치에서 나타나게 한다.

② 손가락 수가 1이라면 랜덤 위치에서 자신을 복사하여 나타낸다는 것을 나타내기 전에 손가락 모양을 2초 동안 인식한다.

③ 위의 명령어에 손가락 모양을 2개, 3개, 4개, 5개로 바꾸는 것을 추가한다.

④ 아래 명령 블록에서 마우스 오른쪽 버튼을 클릭하여 '블록 복사하기'를 통해 숫자 2를 3, 4, 5로 수정해가며 명령 블록을 추가해 주면 훨씬 편리하다.

4 손 모양을 보고 자신을 복제하는 고양이 완성코드

▶ 명령을 이해하고 길을 찾아가는 고양이

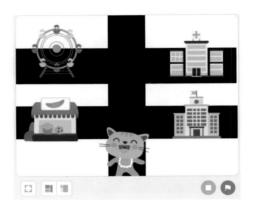

앞으로 가! 오른쪽으로! 등 이런 명령어를 이해하고 건물을 찾아가는 고양이를 만들어보자.

인공지능 서비스 블록을 활용하여 함께 만들어보자.

I 배경에 길 그리기

① 사각형, 선택하기 등을 이용하여 위와 같이 길을 그린다.

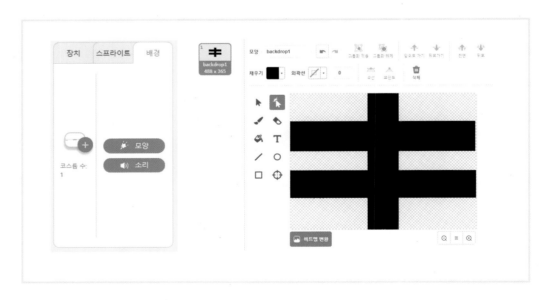

2 장소 스프라이트 추가하기

① 스프라이트를 클릭하고 '+추가' 버튼을 클릭한다.

② 건물 탭에서 마음에 드는 스프라이트 클릭하여 확인 버튼을 클릭한다. 마음에 드는 4
개의 건물 스프라이트를 선택하여 추가한다.

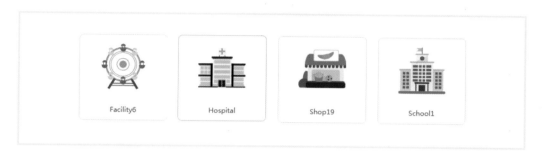

3 고양이 스프라이트에 영어 인식 블록 추가하기

① 확장 센터의 AI Service를 추가하고 Text recognition을 클릭하여 인쇄된 활자 영어
를 2초 동안 인식한다.

4   문자 인식 결과를 분석하는 블록 추가하기

① 문자 인식 결과가 Go라면 아래의 명령을 수행할 수 있도록 스크립트를 작성한다.

② 문자 인식 결과가 "Go"라는 결과라면 "앞으로!"를 말하며 y좌표를 100만큼 바꾼다.

5 문자 인식 결과에 따른 수행 내용 추가하기

① 'Go', 'Back', 'Right', 'Left'의 문자 인식 결과값에 따라 말하며 이동할 수 있도록 명령 블록을 추가한다.

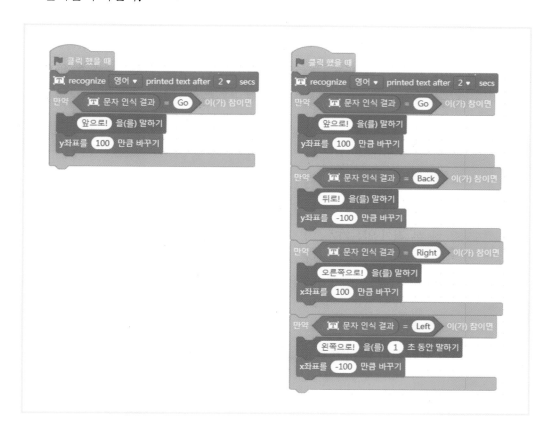

 **TRY IT**

- 놀이동산, 식당, 학교, 병원에 도착했을 때 고양이가 장소 도착을 알리는 말을 할 수 있도록 해보자.

손병호 게임을 해 본 적이 있는가? 손병호 게임은 서로 질문을 하고 그 질문이 자신에게 해당되면 손가락을 접어 다섯 손가락을 모두 접으면 게임이 종료되는 게임이다. 맞다는 응답과 함께 손가락을 접는 손병호 게임은 어떤 블록을 사용하면 만들 수 있는지 생각해 보자.

I   고양이 스프라이트 말하기 블록 추가하기

① 초록 깃발을 클릭했을 때 "건강하고 안전한 생활 테스트!"라고 말한다.

2 손가락 개수 인식을 위한 변수 추가하기

① 손가락 개수를 인식할 수 있도록 "손가락 개수" 라는 변수를 추가한다.

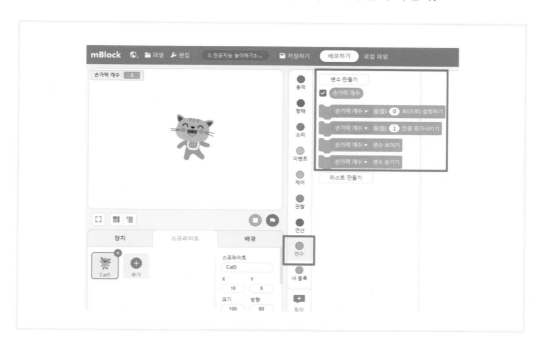

② 초록 깃발을 클릭했을 때 "건강하고 안전한 생활 테스트!"라고 말하고, 변수인 손가락 개수를 5개로 설정한다.

3 질문하고 대답하는 블록 추가하기

① 관찰 블록을 활용하여 첫 번째 질문을 묻고 기다린다.

② 내 블록을 클릭하여 '대답' 블록을 만들어 준다. 여러 개의 질문과 대답 블록을 번갈아 가며 추가한다.

4 대답하기 블록 명령 정의하기

① 손병호 게임의 규칙은 대답이 "응"일 때 손가락을 하나 굽히기 때문에 대답이 "응" 이면 손가락 개수를 하나씩 줄인다.

② 손가락 개수가 줄어들다가 0이 되면 게임 종료를 알리는 "건강하고 안전한 생활을 유지합시다!끝."을 말한다. 손가락 개수가 0이라면 모든 명령을 멈춰야 한다.

5 │ 손 모양 인식 블록으로 손가락 개수 인식하고 인증 여부 판단하기

① 확장 블록의 AI Service를 추가하고 Body recognition을 클릭하면 "hand gesture recognition" 블록을 추가한다. 이 손 모양 인식 블록을 활용해 화면에 인증한 손가락과 변수인 "손가락 개수"의 수가 같으면 "인증성공!"을, 같지 않으면 "인증실패!"를 말한다.

② 대답이 "응"일 때 손가락을 하나 접는 것이 게임 규칙이므로 이를 인증할 수 있도록 "하나 접고 인증해!"를 말한 뒤 손가락 개수를 화면에 보여 인증한다. 대답이 "응"이 아니었을 때 "Ok 다음 질문" 등을 말한다.

4 인공지능 개발하기

(1) "음악 켜 줘!"는 말에 음악을 틀어주는 프로그램을 만들어보자.

이렇게 해봐요!

- 음악을 켜고 싶다면 "Turn on the music"을 말해달라고 부탁해요.
- 음악을 켜달라는 음성이 맞는지 확인해요.
- 만약 음악을 켜달라는 음성이 맞다면 노래를 틀어줘요.

스프라이트	고양이(혹은 자신이 원하는 스프라이트)

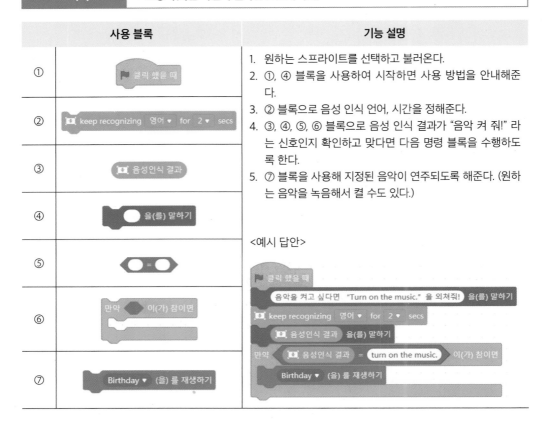

	사용 블록	기능 설명
①	클릭 했을 때	1. 원하는 스프라이트를 선택하고 불러온다.
②	keep recognizing 영어 ▼ for 2 ▼ secs	2. ①, ④ 블록을 사용하여 시작하면 사용 방법을 안내해준다.
③	음성인식 결과	3. ② 블록으로 음성 인식 언어, 시간을 정해준다.
④	을(를) 말하기	4. ③, ④, ⑤, ⑥ 블록으로 음성 인식 결과가 "음악 켜 줘!" 라는 신호인지 확인하고 맞다면 다음 명령 블록을 수행하도록 한다.
⑤	=	5. ⑦ 블록을 사용해 지정된 음악이 연주되도록 해준다. (원하는 음악을 녹음해서 켤 수도 있다.)
⑥	만약 이(가) 참이면	
⑦	Birthday ▼ (을) 를 재생하기	<예시 답안>

(2) 카메라에 내 모습을 보여주면 '인상착의'를 설명해주는 프로그램을 만들어보자.

이렇게 해봐요!

- 마법사가 당신의 인상착의를 확인할 수 있도록 카메라에 모습을 보여달라고 부탁해요.

- 카메라로 신체의 특징을 인식해요.

- 신체 특징 인식 후 성별, 연령대, 상하의 옷 종류, 상하의 색깔을 말하도록 해요.

스프라이트	마법사(혹은 자신이 원하는 스프라이트)

사용 블록	기능 설명
① 클릭 했을 때	1. 원하는 스프라이트를 선택하고 불러온다.
② ◯ 을(를) ◯ 초동안 말하기	2. ①블록을 사용하여 시작 신호를 정한다.
③ recognize body feature after 2 ▼ secs	3. ②블록으로 당신의 인상착의를 확인하기 위해 촬영을 시작한다는 안내 음성을 말해준다.
④ body feature recognition result: gender ▼	4. ③블록으로 신체를 인식시킨 후 ②,④,⑤,⑥ 블록으로 성별, 연령대, 상하의 종류, 색깔의 인식 결과를 말할 수 있도록 한다.
⑤ 번역하기 ◯ 받는 사람 한국어 ▼	5. ⑦블록을 사용해 각 대답 사이의 시간을 확보한다.
⑥ ◯◯ 결합하기	
⑦ ◯ 초 기다리기	

<예시 답안>

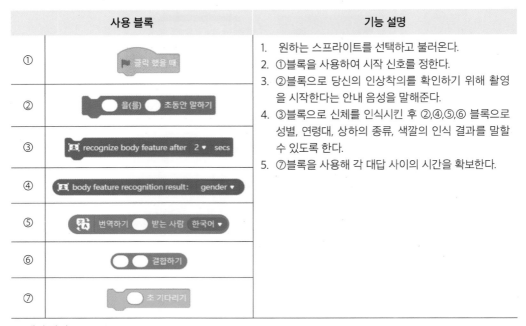

사물인터넷(Internet of Things) 이라는 말을 들어본 적이 있는가? 사물인터넷은 단어 그대로 해석하면 '사물들의 인터넷', 즉 '사물들로 구성된 인터넷'을 말한다. 기존의 컴퓨터나 휴대전화들이 서로 연결되어 있던 것에서 더 확장되어 이제는 집 안의 온도, 전등까지도 사람이 직접 조작하지 않아도 사물들끼리 서로 연결되어 스스로 조작이 가능해진 것이다.

그렇다면 엠블록을 통해 사물인터넷을 표현할 수 있지 않을까? 우리도 불을 켜거나 끄고 싶을 때, 혹은 TV를 켜거나 끄고 싶을 때 음성으로 사물을 작동시키는 원리를 포함한 프로그램을 만들어보자.

프로그램 조건

1. 명령을 입력할 스프라이트와 반응을 보일 스프라이트 2개가 필요하다.
2. 명령을 받았을 때 스프라이트의 모양 변화가 있어야 한다.
3. 반응을 보이는 스프라이트에 "보내기" 블록으로 신호를 보내 켜고 끄는 것을 표현한다.
4. 배경 바꾸기를 활용하면 장소가 바뀌는 느낌을 표현할 수 있다.(선택)

HONEY TIP!

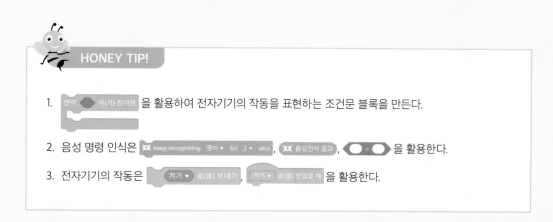

1. 만약 ◯◯ 이(가) 참이면 을 활용하여 전자기기의 작동을 표현하는 조건문 블록을 만든다.

2. 음성 명령 인식은 keep recognizing 영어 ▾ for 2 ▾ secs , 음성인식 결과 , ◯◯ = ◯◯ 을 활용한다.

3. 전자기기의 작동은 켜기 ▾ 을(를) 보내기 , 켜기 ▾ 을(를) 받았을 때 을 활용한다.

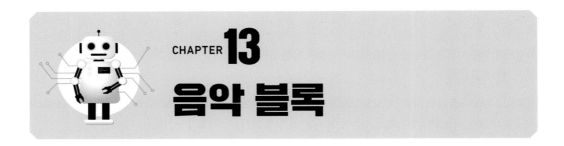

1 인공지능 소개하기

 • 음악 블록을 활용하면 다양한 악기를 활용해 음악 연주, 작곡을 할 수 있다.

블록	기능 설명
(1) 스네어 드럼 ▼ 타악기를 ⬤ 박자로 연주하기 ✓ (1) 스네어 드럼 (2) 베이스 드럼 (3) 사이드 스틱 (4) 크래시 심벌 (5) 오픈 하이햇 (6) 클로즈 하이햇 (7) 탬버린 (8) 박수 (9) 클라베스 (10) 목판 (11) 카우벨 (12) 트라이앵글	타악기 중 선택한 악기를 입력한 숫자의 박자로 연주한다. (타악기의 종류는 ▼버튼을 클릭하면 확인 가능하며 종류는 총 18가지이다.)
⬤ 박자 쉬기	입력한 숫자 값의 박자만큼 쉰다.
⓪ 번 음을 ⬤ 박자로 연주하기 ← C (0) → C(0) C(12)	입력한 음을 입력한 숫자 값의 박자만큼 연주한다.

블록	기능 설명
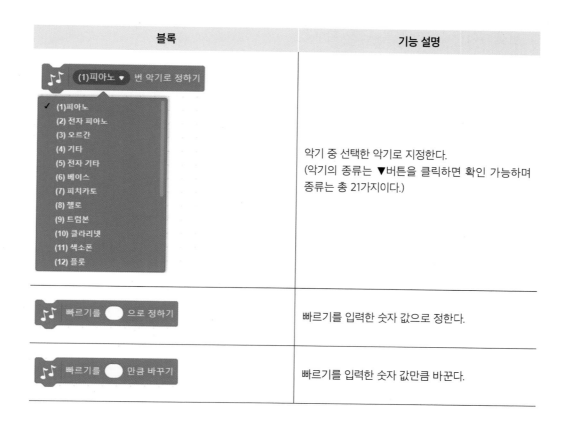	악기 중 선택한 악기로 지정한다. (악기의 종류는 ▼버튼을 클릭하면 확인 가능하며 종류는 총 21가지이다.)
빠르기를 ◯ 으로 정하기	빠르기를 입력한 숫자 값으로 정한다.
빠르기를 ◯ 만큼 바꾸기	빠르기를 입력한 숫자 값만큼 바꾼다.

① 스프라이트 탭을 클릭하고 블록 영역의 하단에서 확장 버튼을 클릭한다.

② 확장 센터 대화 상자가 나타나면 '음악' 하단의 추가를 클릭한다.

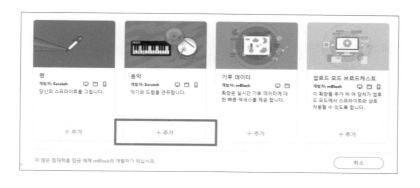

③ 편집 페이지에 음악 블록이 표시된다.

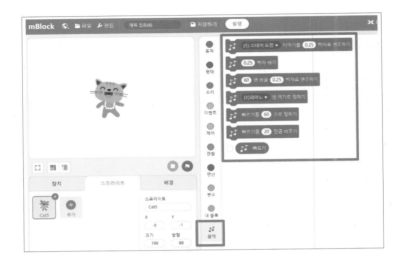

2 인공지능 따라하기

🔑 **모듈 ①**   스네어 드럼 빠르기 정하기, 바꾸기 차이 알아보기

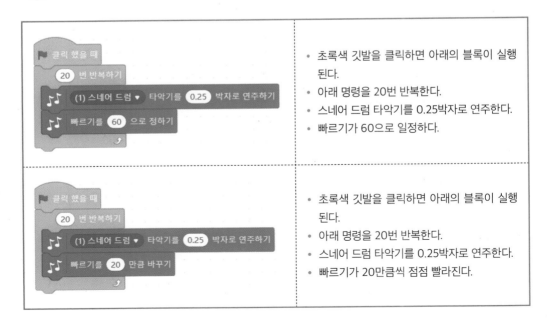

클릭 했을 때 20 번 반복하기 (1) 스네어 드럼 ▾ 타악기를 0.25 박자로 연주하기 빠르기를 60 으로 정하기	• 초록색 깃발을 클릭하면 아래의 블록이 실행 된다. • 아래 명령을 20번 반복한다. • 스네어 드럼 타악기를 0.25박자로 연주한다. • 빠르기가 60으로 일정하다.
클릭 했을 때 20 번 반복하기 (1) 스네어 드럼 ▾ 타악기를 0.25 박자로 연주하기 빠르기를 20 만큼 바꾸기	• 초록색 깃발을 클릭하면 아래의 블록이 실행 된다. • 아래 명령을 20번 반복한다. • 스네어 드럼 타악기를 0.25박자로 연주한다. • 빠르기가 20만큼씩 점점 빨라진다.

📝 **TRY IT**

- 타악기의 종류, 박자를 바꿔보자.
- 빠르기의 입력값을 다양하게 바꿔가며 소리의 차이를 느껴보자.

모듈 ② 비트 만들기

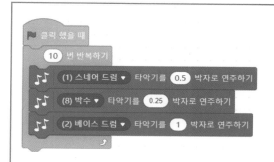

- 초록색 깃발을 클릭하면 아래의 블록이 실행된다.
- 아래 명령을 10번 반복한다.
- 스네어 드럼을 0.5박자로 연주한다.
- 박수를 0.25박자로 쳐 준다.
- 베이스 드럼을 1박자로 연주한다.

모듈 ③ 피아노 음 연주하기

- 초록색 깃발을 클릭하면 아래의 블록이 실행된다.
- 악기를 피아노로 정한다.
- 60번 음(도)를 연주한다.
- 62번 음(레)를 연주한다.
- 64번 음(미)를 연주한다.
- 65번 음(파)를 연주한다.
- 67번 음(솔)를 연주한다.
- 69번 음(라)를 연주한다.
- 71번 음(시)를 연주한다.

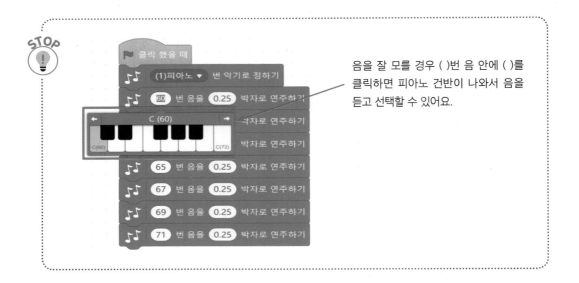

음을 잘 모를 경우 ( )번 음 안에 ( )를 클릭하면 피아노 건반이 나와서 음을 듣고 선택할 수 있어요.

TRY IT

- 다른 악기로 바꿔 연주해 보자.
- 알고 있는 간단한 음계의 노래를 연주해 보자.

3 인공지능 실험하기

원하는 템포에 따라 움직이는 메트로놈

메트로놈은 규칙적으로 나는 소리가 1분 동안 몇 박자(비트)인지를 셀 수 있게 해주어 음악의 빠르기를 정해주는 장치이다. 원하는 템포에 따라 빠르기를 바꾸는 메트로놈을 만들어보자.

ㅣ 메트로놈 스프라이트 준비하기

① 메토로놈 스프라이트를 추가하기 위해 스프라이트 탭의 추가 버튼을 눌러준다.

② 스프라이트 저장소의 '음악' 탭의 '메토로놈1' 스프라이트를 불러온다.

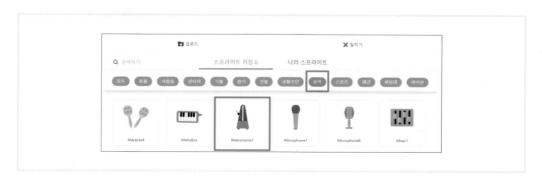

③ 메토로놈 막대를 삭제하기 위해 메토로놈 스프라이트 탭의 '모양'을 클릭한다.

④ 메토로놈 막대 부분을 드래그하면 하늘색으로 막대 부분만 선택된다.

⑤ 선택한 부분을 Delete 단축키를 눌러 삭제해주면 아래 그림과 같이 메토로놈 막대가 사라진다.

⑥ 메토로놈 막대를 추가하기 위해 스프라이트 탭의 '추가' 버튼을 클릭한다.

⑦ 스프라이트 저장소의 '아이콘' 탭의 'Empty Button4'를 선택한다.

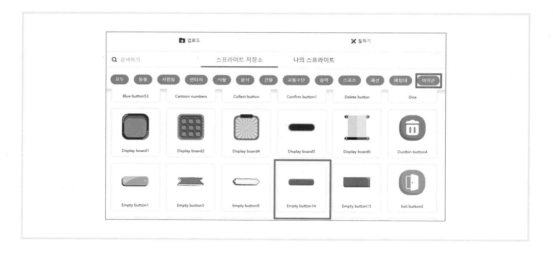

⑧ 메트로놈 막대의 중심점을 막대 아래로 옮기기 위해 스프라이트 탭의 '모양'을 클릭한다.

⑨ 막대 전체를 드래그하면 아래 그림과 같이 하늘색으로 표시된다.

⑩ 선택한 막대를 오른쪽으로 옮기면 가운데 중심점이 보이는데 그 부분에 막대 하단 끝 부분을 맞춰 준다.

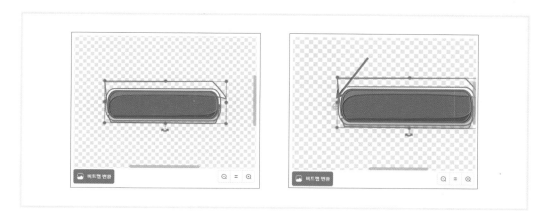

⑪ 메트로놈의 크기를 200으로 키워주고, 막대 스프라이트를 메트로놈 스프라이트의 가운데 부분에 맞춰 준다.

2 템포 변수 추가하고 글라이더 사용하기

① 막대 스프라이트를 클릭하고 변수 블록의 '변수 만들기'를 선택한다.

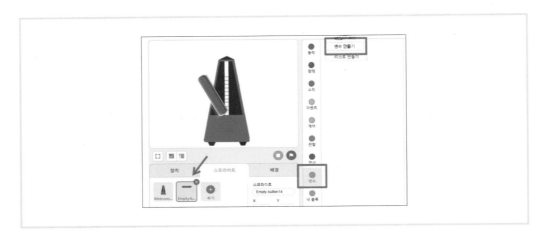

② 메트로놈의 빠르기를 정해줄 '템포'라는 변수를 추가하면 변수 블록에 '템포' 블록이 추가된다. 무대에 등장한 템포 변수의 오른쪽 버튼을 클릭하여 '슬라이더 사용하기'를 선택한다. 그 후 스크롤로 그 값을 설정할 수 있음을 확인할 수 있다.

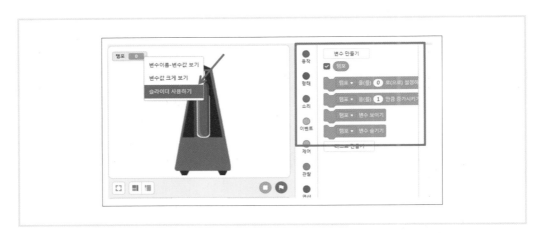

③ 다음으로 슬라이더에 마우스 오른쪽 버튼을 클릭한 후 "슬라이더 범위 변경"을 클릭하여 최소값은 0으로 최대값은 200으로 정해준다.

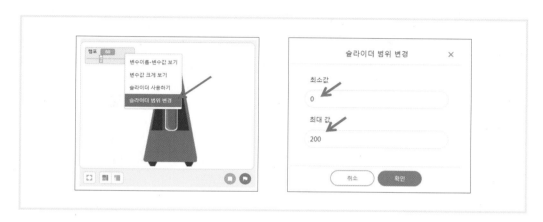

④ 다시 한 번 슬라이더에 마우스 오른쪽 버튼을 클릭한 후 "변수이름–변수값 보기"를 클릭하면 아래와 같이 템포의 값이 숫자로 보여지게 된다.

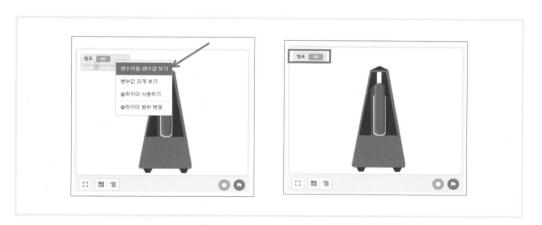

3 처음 시작 명령과 함께 원하는 템포 묻고 답하기

① 초록 깃발을 클릭하면 메트로놈 막대가 처음에는 위를 향한 상태에서 인사말을 한다. 관찰 항목을 활용해 원하는 템포를 0~200 사이에서 입력해 달라고 묻고, 그 대답으로 템포가 지정된다. 막대가 왼쪽으로 이동하며 작동을 준비한다.

4   빠르기에 따른 소리 내며 막대 이동하기

① 대답이 0이 아니라는 것을 연산 블록을 활용하여 코딩하고, 이것이 참이라면 아래의
명령을 계속 반복하도록 스크립트를 작성한다.

② 메트로놈 소리의 기준이 되는 시간은 1분이다. 즉, 60bpm 이라고 한다면 1분에 메트로놈이 60번의 소리를 내 주기 때문에 내가 원하는 빠르기(대답)을 60으로 나누어 그 시간만큼 머물렀다가 다시 메트로놈이 작동할 수 있도록 코딩한다. 그래야 더 빠른 빠르기에서 메트로놈 막대가 빠르게 이동할 수 있다.

③ 위의 명령을 수행하면 막대가 좌우로 움직이는 효과를 주기 위해 이번에는 오른쪽으로 120도 돌기를 수행한다.

④ 메트로놈의 반대편도 마찬가지로 원하는 타악기를 선택해 같은 박자로 연주한다.

5 템포에 따라 막대의 빠르기가 달라지는 메트로놈 코드 완성하기

① 완성된 코드는 다음과 같다. 무대의 템포 슬라이드를 좌우로 움직여보면 템포의 빠르
기에 따라 막대의 움직임이 달라지는 것을 확인할 수 있다.

4 인공지능 개발하기

(1) 한 옥타브씩 음을 올리거나 내려서 목을 풀 수 있도록 도와주는 프로그램을 만들어보자.

이렇게 해봐요!

- 목풀기 프로그램에 대한 소개와 함께 UP을 외치면 한 옥타브 높게, DOWN을 외치면 한 옥타브 내려 준다는 것을 말해줘요.

- '도미솔미도'를 2번 반복해요.

- 영어 음성을 인식하고 UP이면 한 옥타브를 높여서, DOWN이면 한 옥타브 낮춰서 음을 따라해요.

스프라이트	고양이(혹은 자신이 원하는 스프라이트)

사용 블록	기능 설명
① 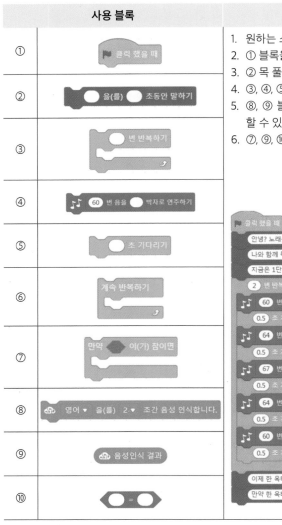 클릭 했을 때	1. 원하는 스프라이트를 선택하고 불러온다.
② 을(를) ⬤ 초동안 말하기	2. ① 블록을 사용하여 시작 신호를 정한다.
③ 번 반복하기	3. ② 목 풀기 프로그램에 대한 안내를 한다.
④ 🎵 60 번 음을 ⬤ 박자로 연주하기	4. ③, ④, ⑤블록으로 도미솔미도를 2번 연주한다.
⑤ ⬤ 초 기다리기	5. ⑧, ⑨ 블록으로 옥타브를 올릴 것인지 내릴 것인지 인식할 수 있도록 한다.
⑥ 계속 반복하기	6. ⑦, ⑨, ⑩ 블록으로 음성 인식 결과를 판단하여 연주한다.
⑦ 만약 이(가) 참이면	
⑧ ☁ 영어 ▾ 을(를) 2 ▾ 초간 음성 인식합니다.	
⑨ ☁ 음성인식 결과	
⑩ ⬤ = ⬤	

<음성 인식 전 코드>

🏳 클릭 했을 때
안녕? 노래를 부르기 위해서는 간단히 목을 풀 수 있어야겠지? 을(를) 2 초 동안 말하기
나와 함께 목 풀기 연습을 해보자. 을(를) 2 초 동안 말하기
지금은 1단계! 을(를) 2 초 동안 말하기
2 번 반복하기
  🎵 60 번 음을 0.25 박자로 연주하기
  0.5 초 기다리기
  🎵 64 번 음을 0.25 박자로 연주하기
  0.5 초 기다리기
  🎵 67 번 음을 0.25 박자로 연주하기
  0.5 초 기다리기
  🎵 64 번 음을 0.25 박자로 연주하기
  0.5 초 기다리기
  🎵 60 번 음을 0.25 박자로 연주하기
  0.5 초 기다리기
이제 한 옥타브를 올리고 싶다면 Turn it up. 을 외쳐봐! 을(를) 2 초 동안 말하기
만약 한 옥타브를 내리고 싶다면 Turn it down. 을 말해줘 을(를) 2 초 동안 말하기

사용 블록	기능 설명

<예시 답안>

<음성 인식 후 코드>

이제 한 옥타브를 올리고 싶다면 Turn it up. 을 외처봐! 을(를) 2 초 동안 말하기

만약 한 옥타브를 내리고 싶다면 Turn it down. 을 말해줘 을(를) 2 초 동안 말하기

계속 반복하기

  영어 ▾ 을(를) 2 ▾ 초간 음성 인식합니다.

  음성인식 결과 을(를) 말하기

  만약 음성인식 결과 = Turn it up. 이(가) 참이면

    2 번 반복하기

      72 번 음을 0.25 박자로 연주하기

      1 초 기다리기

      76 번 음을 0.25 박자로 연주하기

      1 초 기다리기

      79 번 음을 0.25 박자로 연주하기

      1 초 기다리기

      76 번 음을 0.25 박자로 연주하기

      1 초 기다리기

      72 번 음을 0.25 박자로 연주하기

  만약 음성인식 결과 = turn it down. 이(가) 참이면

    2 번 반복하기

      48 번 음을 0.25 박자로 연주하기

      1 초 기다리기

      52 번 음을 0.25 박자로 연주하기

      1 초 기다리기

      55 번 음을 0.25 박자로 연주하기

      1 초 기다리기

      52 번 음을 0.25 박자로 연주하기

      1 초 기다리기

      48 번 음을 0.25 박자로 연주하기

인공지능은 생활 속의 많은 것들을 바꾸었는데 음악도 그 분야 중 하나다. 과거 천재 작곡가들이 작곡을 하던 방식을 학습하여 이제는 스스로 작곡을 하는 수준에 이르렀다. 최근에는 인공지능이 작곡한 곡으로 오케스트라 연주를 해서 이슈가 된 공연도 있었다. 엠블록의 확장 센터 중 소리 블록을 활용하면 다양한 악기를 연주할 수 있다. 그렇다면 우리도 피아노 연주뿐만 아니라 다른 타악기도 함께 연주되는 작곡 프로그램을 만들 수 있지 않을까?

📷 프로그램 조건

1. 피아노 건반은 '배경'으로 직접 그린다.
2. "도" 음을 나타내기 위해서 스프라이트 탭에 '모양'에 들어가 "도"를 문자로 써서 피아노 건반 위에 위치시킨다.
3. 빠르기를 조절할 수 있는 +, − 아이콘이 필요하다.
4. 피아노 외에 다른 타악기의 기본 비트를 삽입한다.

 HONEY TIP!

1. ⬛ ◯을(를) ◯초동안 말하기 블록을 사용하여 프로그램 사용법을 설명할 수 있다.

2. 🟦 이 스프라이트를 클릭했을 때 블록과 같은 이벤트 블록을 사용하여 타악기의 소리나 빠르기를 조절할 수 있다.

3. 🎵 60 번 음을 ◯ 박자로 연주하기 , 🎵 (1) 스네어 드럼 ▾ 타악기를 ◯ 박자로 연주하기 과 같은 음악 블록을 사용하여 피아노 건반의 음과 타악기를 연주할 수 있다.

4. 🎵 빠르기를 ◯ 만큼 바꾸기 블록을 사용하여 빠르기를 조절할 수 있다.

CHAPTER **14**
펜 블록

1 인공지능 소개하기

- 스프라이트로 원하는 그림, 글씨를 쓸 수 있다.
- 펜의 색깔, 채도, 밝기, 투명도, 굵기 등을 바꿀 수 있다.

블록	기능 설명
전체 삭제	기존에 그린 펜 그림을 모두 지운다.
도장찍기	스프라이트의 이미지를 도장처럼 복사하며 찍는다.
펜 내리기	무대에 펜을 내려 그릴 준비를 한다. 펜 블록을 사용하려면 가장 기본으로 추가해야 하는 블록이다.
펜 올리기	무대에서 펜을 올려 펜이 더 이상 무대에 그려지지 않게 한다.

블록	기능 설명
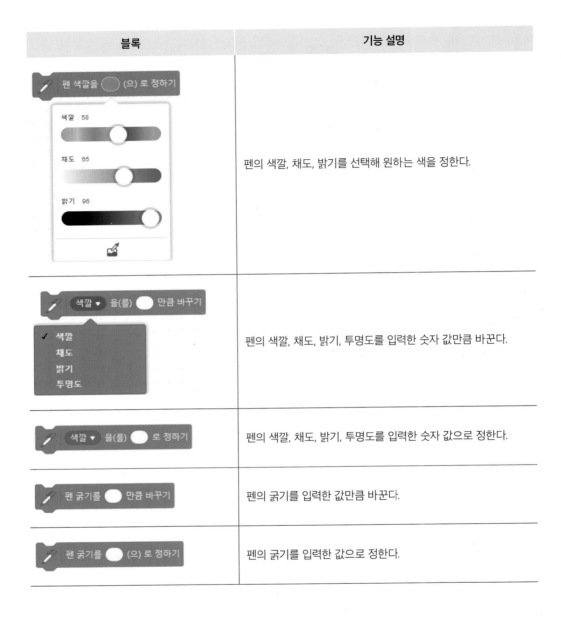	펜의 색깔, 채도, 밝기를 선택해 원하는 색을 정한다.
	펜의 색깔, 채도, 밝기, 투명도를 입력한 숫자 값만큼 바꾼다.
	펜의 색깔, 채도, 밝기, 투명도를 입력한 숫자 값으로 정한다.
	펜의 굵기를 입력한 값만큼 바꾼다.
	펜의 굵기를 입력한 값으로 정한다.

① 스프라이트 탭을 클릭하고 블록 영역의 하단에서 확장 버튼을 클릭한다.

② 확장 센터 대화 상자가 나타나면 '펜' 하단의 추가를 클릭한다.

③ 편집 페이지에 펜 블록이 표시된다.

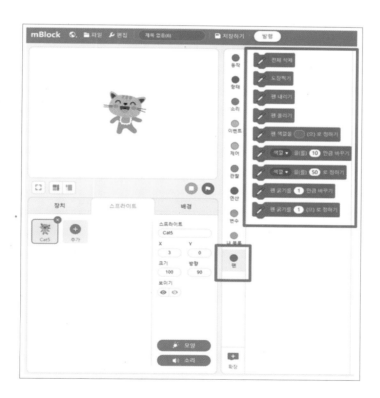

2 인공지능 따라하기

모듈 ① 펜 그리기

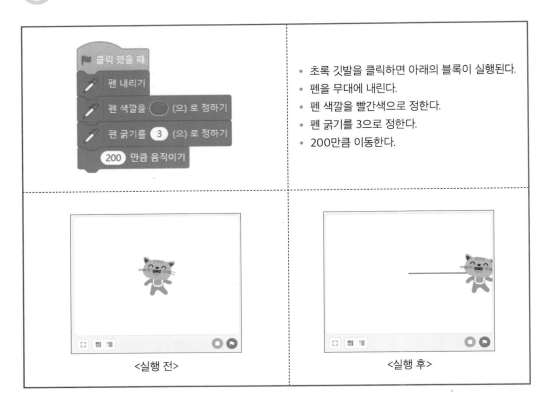

- 초록 깃발을 클릭하면 아래의 블록이 실행된다.
- 펜을 무대에 내린다.
- 펜 색깔을 빨간색으로 정한다.
- 펜 굵기를 3으로 정한다.
- 200만큼 이동한다.

<실행 전>   <실행 후>

모듈 ② 펜 색깔 바꾸기

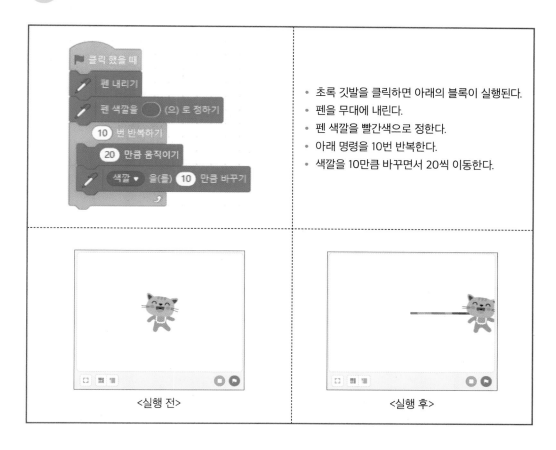

- 초록 깃발을 클릭하면 아래의 블록이 실행된다.
- 펜을 무대에 내린다.
- 펜 색깔을 빨간색으로 정한다.
- 아래 명령을 10번 반복한다.
- 색깔을 10만큼 바꾸면서 20씩 이동한다.

<실행 전>

<실행 후>

🔑 **모듈 ③**   펜 채도 바꾸기

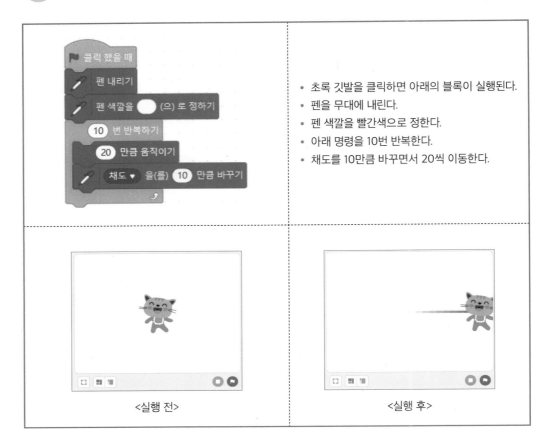

- 초록 깃발을 클릭하면 아래의 블록이 실행된다.
- 펜을 무대에 내린다.
- 펜 색깔을 빨간색으로 정한다.
- 아래 명령을 10번 반복한다.
- 채도를 10만큼 바꾸면서 20씩 이동한다.

<실행 전>   <실행 후>

📝 **TRY IT**

- 색깔, 채도 외에 밝기, 투명도도 변화시켜 보자.
- 펜 색깔을 다양하게 바꿔가면서 변화를 확인해 보자.

모듈 ④ 펜 굵기 정하기

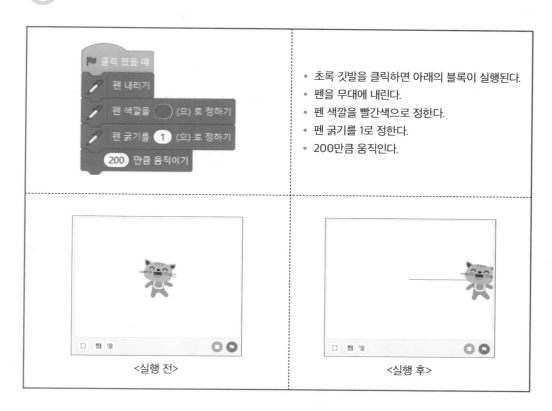

* 초록 깃발을 클릭하면 아래의 블록이 실행된다.
* 펜을 무대에 내린다.
* 펜 색깔을 빨간색으로 정한다.
* 펜 굵기를 1로 정한다.
* 200만큼 움직인다.

<실행 전>   <실행 후>

 TRY IT

* 펜 굵기는 얼마나 굵어질 수 있는지 숫자를 바꿔가며 시도해보자.

모듈 ⑤   펜 굵기 바꾸기

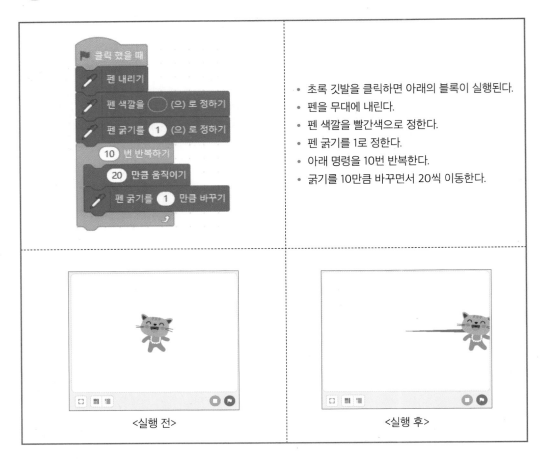

- 초록 깃발을 클릭하면 아래의 블록이 실행된다.
- 펜을 무대에 내린다.
- 펜 색깔을 빨간색으로 정한다.
- 펜 굵기를 1로 정한다.
- 아래 명령을 10번 반복한다.
- 굵기를 10만큼 바꾸면서 20씩 이동한다.

<실행 전>   <실행 후>

모듈 ⑥ 도장찍기

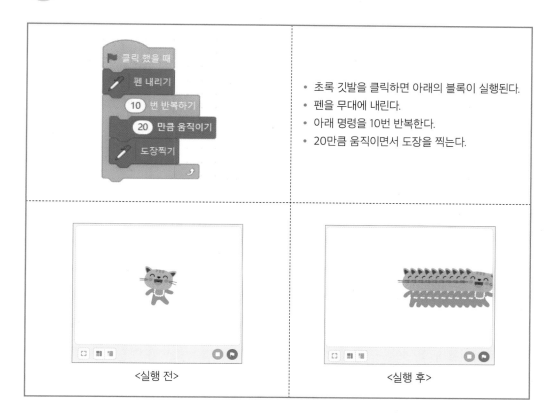

- 초록 깃발을 클릭하면 아래의 블록이 실행된다.
- 펜을 무대에 내린다.
- 아래 명령을 10번 반복한다.
- 20만큼 움직이면서 도장을 찍는다.

<실행 전>   <실행 후>

 TRY IT

- 지금까지 배운 펜 블록의 여러 명령 블록을 사용하여 다양한 그림을 그려보자.

펜 블록을 사용하다 보면 아래 그림과 같이 처음에는 연필 스프라이트 중간에서 펜이 그려지는데 어떻게 하면 연필 끝에서 펜이 나오는 것처럼 할 수 있을까?

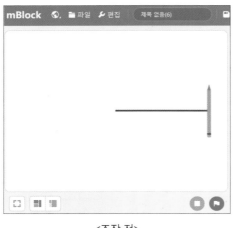

<조작 전>

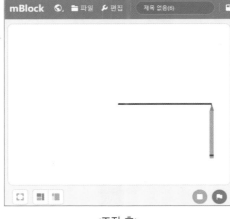

<조작 후>

① 스프라이트 탭의 '모양'을 클릭한다.

② 연필 스프라이트에 사각형 모양으로 드래그하면 아래 그림처럼 하늘색으로 연필 스프라이트가 선택된다.

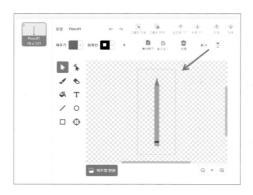

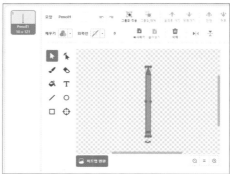

③ 선택된 연필 스프라이트를 옆으로 옮겨보면 십자 표시가 된 동그라미가 보인다. 이 부분이 펜 블록이 수행되는 중심점이다.

④ 위의 중심점에 연필 끝부분을 맞춰준다.

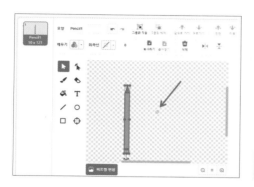 

⑤ 마지막으로 스프라이트 탭의 X 버튼을 눌러준다.

⑥ 이전과 똑같은 명령을 실행했을 때 이번에는 연필 스프라이트 끝에서 펜이 나오는 것을 확인할 수 있다.

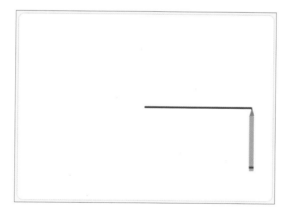

3 인공지능 실험하기

▶ 하트 그리는 고양이

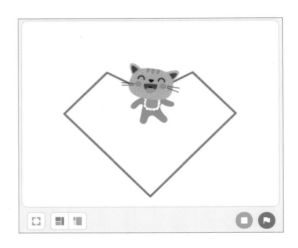

펜 블록을 활용해 시작하기 버튼을 누르면 하트 모양을 그리는 고양이를 만들어보자.

I 처음 시작 명령 삽입하기

① 초록 깃발을 클릭하면 기존의 그렸던 하트를 지우고 시작할 수 있게 펜 블록을 활용하여 전체를 삭제하고 처음 시작 위치로 이동한다.

2   펜 색깔, 굵기 정해주고 그릴 준비하기

① 펜 블록을 활용하여 색깔, 굵기를 정한 다음 펜을 내려 그릴 준비를 마친다.

3   하트를 그릴 수 있게 스프라이트 이동하기

① 하트를 그릴 수 있게 고양이를 움직여 가며 좌표를 찾아본다. 고양이의 첫 위치는 'x좌
표 : 0', 'y좌표 : 40'인데 무대에서 고양이의 위치를 드래그해서 옮기면 자동으로 좌표
가 바뀌게 된다. 좌표를 일일이 지정해주지 않아도 무대 위 스프라이트의 위치를 자동
으로 인식한다.

② 일정 시간 동안 움직이면서 하트 모양을 그릴 수 있도록 동작 블록을 활용해 하트 모양의 좌표로 움직이게 한다.

```
0.5 초동안 x: -80 y: 80 으로 이동하기
0.5 초동안 x: -160 y: 0 으로 이동하기
1 초동안 x: 0 y: -160 으로 이동하기
1 초동안 x: 160 y: 0 으로 이동하기
0.5 초동안 x: 80 y: 80 으로 이동하기
0.5 초동안 x: 0 y: 40 으로 이동하기
```

4 펜 올리기 블록으로 하트 그리기 멈추기

① 마지막에 펜을 올려주면 하트 그림 그리기가 종료된다.

```
클릭 했을 때
  전체 삭제
  x: 0 y: 40 로 이동하기
  펜 색깔을 ( ) (으) 로 정하기
  펜 굵기를 3 (으) 로 정하기
  펜 내리기
  0.5 초동안 x: -80 y: 80 으로 이동하기
  0.5 초동안 x: -160 y: 0 으로 이동하기
  1 초동안 x: 0 y: -160 으로 이동하기
  1 초동안 x: 160 y: 0 으로 이동하기
  0.5 초동안 x: 80 y: 80 으로 이동하기
  0.5 초동안 x: 0 y: 40 으로 이동하기
  펜 올리기
```

📝 TRY IT

- 하트를 그리는 펜의 색깔, 굵기, 크기 등을 바꿔보자.
- 하트를 그리며 "사랑해요!"라고 말할 수 있도록 해보자.

▶ 행복한 마음만큼 꽃 심기

행복한 감정을 인식해 그 수치만큼 꽃을 심어주는 프로그램을 만들어보자.

I 꽃 스프라이트, 배경 선택하기

① 스프라이트 탭의 추가 버튼을 누르고 식물 탭에 '꽃' 스프라이트를 선택한다.

② 배경 탭의 추가 버튼을 누르고 자연 탭에 'Grassland' 배경을 선택하고 확인한다.

2 확장 센터에서 '인식 서비스', '펜' 추가하기

① 스프라이트 탭의 확장 버튼을 눌러 확장 센터로 들어간다.

② 확장 센터에서 '인식 서비스', '펜'을 추가한다.

3 처음 시작 명령 삽입하기

① 초록 깃발을 클릭하면 기존에 심었던 꽃을 모두 지우고 시작할 수 있게 펜 블록을 활용하여 전체를 삭제하고 처음 시작 위치로 이동한다.

4 행복한 감정을 인식하여 그 수치만큼 꽃 스프라이트 복사하기

① 추가한 AI Service의 '감정 인식' 블록을 활용해 행복 감정을 2초 동안 인식한다.

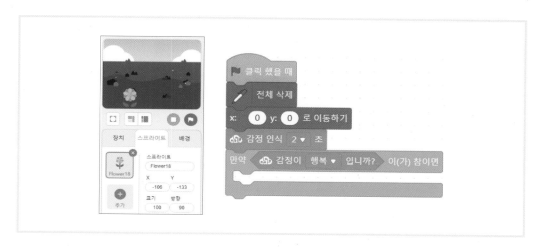

② 행복 값은 0~100까지로 표현되므로 수치 범위를 0~10으로 줄이기 위해 연산 블록의 '/', '반올림' 블록을 추가하여 행복값을 10으로 나누고 그 수치를 반올림한다.

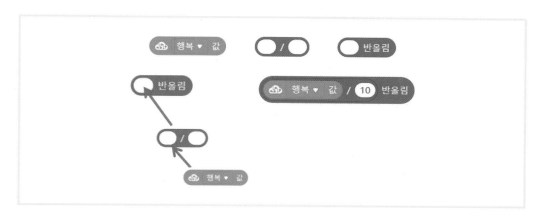

③ 새롭게 계산된 행복값만큼 꽃 모양이 복제되어야 하므로 펜 블록을 활용하여 랜덤 위
치로 이동하며 꽃 모양이 복제되도록 한다.

5 행복한 감정 수치를 말하고 나서 꽃 심기

① 연산 블록을 활용하여 행복지수와 행복값을 결합한 결과를 만들어 주고 이를 형태 블록을 활용하여 말할 수 있도록 코딩한다.

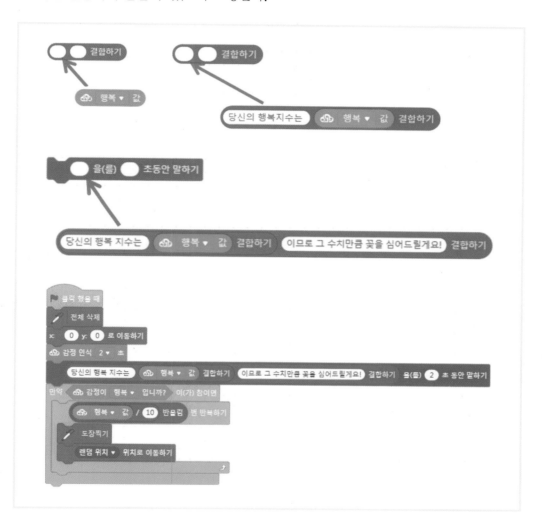

4 인공지능 개발하기

(1) 인식한 손가락 개수에 따라 펜 굵기, 변의 길이가 달라지는 사각형을 그려보자.

이렇게 해봐요!

- 시작하기 버튼을 눌렀을 때 손가락 숫자를 인식해요.
- 손가락 숫자에 따라 펜 굵기를 다르게 그려요.
- 손가락 숫자 * 10으로 사각형 변의 길이를 바꿔요.
- 그림을 그리기 전에는 펜을 내리고, 그림을 다 그리면 펜을 올려요.

스프라이트	연필

	사용 블록	기능 설명
①	클릭 했을 때	1. 원하는 스프라이트를 선택하고 불러온다. 2. ① 블록을 사용하여 시작 신호를 정한다. 3. ② 블록으로 손가락 개수를 인식하고 ③, ④ 블록으로 인식한 숫자를 말할 수 있도록 한다. 4. ⑤, ⑥, ⑦ 블록으로 펜을 내려 색깔과 굵기를 정해준다. 이때, 굵기를 ③번 손 모양 인식 결괏값으로 정해주면 손가락 개수에 따라 굵기도 달라진다. 5. ⑧, ⑩, ⑪ 블록으로 사각형을 그려준다. 이때 ⑨번 블록에 ③번 블록에서 인식한 손가락 개수와 10을 곱한 값만큼 움직이도록 지정해준다. (손가락 개수는 1~5까지 인식 가능하다.) 6. ⑫번 블록을 활용해 사각형 그리기를 종료한다. **<예시 답안>**
②	recognize hand gesture after 2 ▼ secs	
③	hand gesture recognition result	
④	●을(를) ● 초동안 말하기	
⑤	펜 내리기	
⑥	펜 색깔을 ● (으)로 정하기	
⑦	펜 굵기를 ● (으)로 정하기	
⑧	● 번 반복하기	
⑨	● * ●	
⑩	● 만큼 움직이기	
⑪	↻ 방향으로 ● 도 돌기	
⑫	펜 올리기	

'한 붓 그리기'라는 최단 경로 탐색을 해 본 적이 있는가? 이는 붓을 한 번도 종이에서 떼지 않고 같은 곳을 두 번 지나지 않으면서 주어진 도형을 그리는 문제. 1735년 수학자 오일러가 '쾨니히스베르크의 다리 문제는 답이 없다.'라는 것을 증명하면서 유명해졌다. 7개의 다리를 한 번에 건너는 방법은 없다는 것을 증명하기 위해 '그래 프'화 시켜 사람들을 이해시켰다.

유한개의 점들과 이들 사이의 관계를 통칭하는 '그래프 구조'가 최근에 빅데이터와 인공지능이 주목을 받으면서 다시 주목받고 있다. 우리도 엠블록을 활용해 최단 경로 탐색 퀴즈를 내고 한 붓 그리기를 할 수 없는 그림을 찾는 프로그램을 만들어보자.

프로그램 조건

1. 한 붓 그리기 도안을 찾아 배경으로 그려 넣는다.
2. 연필은 마우스를 따라 그림이 그려지도록 또 어떤 키를 이용하면 그림 그리는 것을 멈출 수 있도록 한다.
3. 마지막 배경이 등장하면 몇 번의 그림이 한 붓 그리기가 안 되는지 질문하고 정답 여부를 'Text to Speech.' 확장 블록을 이용하여 알려준다.

HONEY TIP!

1. `recognize hand gesture after 2 ▼ secs`, `hand gesture recognition result` 블록을 사용하여 마지막 부분에서 한 붓 그리기가 불가능한 번호의 그림을 묻고 손가락으로 답할 수 있도록 한다.

2. 퀴즈가 4문제라고 하면 배경이 4번 바뀌어야 하므로 `배경이 처음 ▼ (으)로 바뀌었을 때` 블록과 같은 이벤트 블록을 사용하여 배경이 바뀌었을 때의 명령을 정할 수 있다.

3. 연필이 특정 키를 눌렀을 때만 그려지게 하려면 `계속 반복하기`, `만약 ◆ 이(가) 참이면`, `스페이스 ▼ 키를 눌렀을 때`, `이 스프라이트를 클릭했을 때`을 사용한다.

4. `마우스 포인터 ▼ 위치로 이동하기`, `펜 내리기`, `펜 올리기` 블록을 사용하여 연필이 마우스를 따라 움직일 수 있도록 한다.

구글의 '오토드로우' 라는 프로그램은 말 그대로 번역하면 '자동 그리기'인데, 인공지능 프로그램을 활용해서 대략적인 형태를 그리면 그 그림이 무엇일지 추측해서 자동으로 완성된 그림을 보여주는 프로그램이다. 그림의 형태만 보고도 무엇인지 알아맞힐 수 있다니! 우리도 엠블록으로 이런 게임을 구현할 수는 없을까?

이것에 착안해서 '텔레스트레이션' 이라는 보드게임을 엠블록으로 구현해보고자 한다. 이는 앞 사람이 그린 그림을 보고 뒷사람이 답을 말하는 게임인데 한 사람이 그림을 그리고 다음 사람이 정답을 맞혔을 때 정답인지 채점을 해주는 프로그램을 제작해보자.

🖼️ 프로그램 조건

1. 그림을 그릴 수 있는 공간을 배경에서 직접 정해준다.
2. 한 문제당 그릴 수 있는 시간을 30초로 정해준다.(타이머, 시간 변수 활용)
3. 문제를 다 풀면 다음 사람이 앞 사람이 그린 그림에 대한 답을 할 수 있도록 질문을 한다.
4. 답이 맞으면 O를, 틀리면 X를 그려준다.

 HONEY TIP!

1. `문제내기 ▾ 을(를) 보내기` , `문제내기 ▾ 을(를) 받았을 때` 와 같은 이벤트 블록을 사용하여 문제를 내고 맞추는 상황의 명령을 추가한다.
2. `타이머` , `O` , `X` 와 같은 내 블록을 따로 정의한다. 타이머 블록을 정의할 때는 `시간` 과 같은 변수를 만들어준다.
3. `◯ 을(를) ◯ 초동안 말하기` , `◯ 묻고 기다리기` , `대답` , `◁ ◯ = ◯ ▷` 과 같은 블록을 활용해서 질문을 하고 대답한다.
4. `펜 내리기` , `펜 올리기` , `색깔 ▾ 을(를) ◯ 로 정하기` , `펜 굵기를 ◯ (으)로 정하기` 블록을 사용하여 그림을 그린다.

CHAPTER 15
번역

1 인공지능 소개하기

- 입력한 언어를 인식한다.
- 인식한 언어를 번역한다.
  (결과 출력 확인을 위하여 결과를 확인할 수 있는 블록을 함께 사용한다.)

블록	기능 설명
번역하기 안녕하세요 받는 사람 크로아티아어 ▼	안녕하세요 칸에 적은 언어를 받는 사람 옆에 언어로 번역해준다. '말하기', '텍스트 음성 변환 항목의 블록' 등을 함께 사용하여 번역 결과를 확인한다.

2 인공지능 따라하기

 모듈 ① 번역한 결과를 텍스트로 보기

클릭 했을 때 / 번역하기 (안녕하세요) 받는 사람 (네덜란드어 ▼) 을(를) 말하기	• 초록 깃발을 클릭하면 아래의 블록이 실행된다. • 안녕하세요를 '네덜란드어'로 번역해 말한다.
Hallo	• 스프라이트가 말풍선 안에 번역한 결과를 텍스트로 출력한다.

TRY IT

- 자신이 번역하고 싶은 말을 번역하기 옆 빈 칸에 다양하게 적어보자.
- ▼를 클릭하면 나오는 세계 각국의 언어로 번역해보자.
- '안녕하세요' 칸에 외국어로 쓴 후 또 다른 외국어로 번역해보자.

3   인공지능 실험하기

▶   **이름을 번역해 보여주고 말해주는 고양이**

위의 고양이는 대답한 이름을 러시아어로 보여주고 읽어준다. 내가 입력한 이름을 외국어로 번역해 보여주고 동시에 읽어주는 고양이를 만들려면 어떤 블록이 필요할까?

┃   스프라이트가 질문하면 키보드로 대답을 입력하도록 설정하기

① 스프라이트 선택 후 왼쪽 '관찰' 항목을 선택한다.

② 아래 블록들을 가져온다.

▢ (대답) 옆에 □박스를 클릭하면 고양이 스프라이트 화면에 작성한 대답한 내용을 보여준다.

2 대답을 번역해 보여주기

① '형태' 항목에서 안녕! 을(를) 말하기 블록을 가져온다.

② 번역하기 블록 중 받는 사람을 '러시아어'로 변경한다.

번역하기 안녕하세요 받는 사람 러시아어 ▾

③ 대답한 결과를 '러시아어'로 번역하여 말할 수 있도록 코딩한다.

3 번역한 결과 음성으로 말하기

① '텍스트 음성 변환' 항목에서 아래 블록들을 가져온다.

② 언어를 '러시아어'로 바꾼다.

언어를 로 설정 러시아어 ▾

③ 대답을 '러시아어'로 번역하여 그 결과를 음성으로 말할 수 있도록 코딩한다.

4 대답한 이름을 스프라이트가 말하고 음성으로 말하기

'텍스트 음성 변환' 언어와 '번역하기' 언어를 같게 설정해야 한다.

4 인공지능 개발하기

(1) 번역 후 번역한 것이 잘 되었는지 묻는 인공지능을 만들어보자.

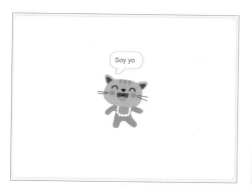

이렇게 해봐요!

- 스프라이트가 번역하고 싶은 말과 번역 결과를 질문하면 키보드로 답변을 입력해봐요.

- 스페인어로 번역한 말을 스프라이트 화면에 보이면서 음성으로 말하도록 해봐요.

- 번역하고 싶은 말의 대답과 번역 결과의 대답을 각각 따로 변수에 저장해요.

- 번역 결과가 마음에 든 경우 음성으로 '고맙습니다.'는 말을, 마음에 들지 않은 경우 음성으로 '다음엔 잘 해볼게요.'는 말을 하도록 해보세요.

스프라이트	고양이(자신이 원하는 스프라이트 선택 가능)

사용 블록	기능 설명
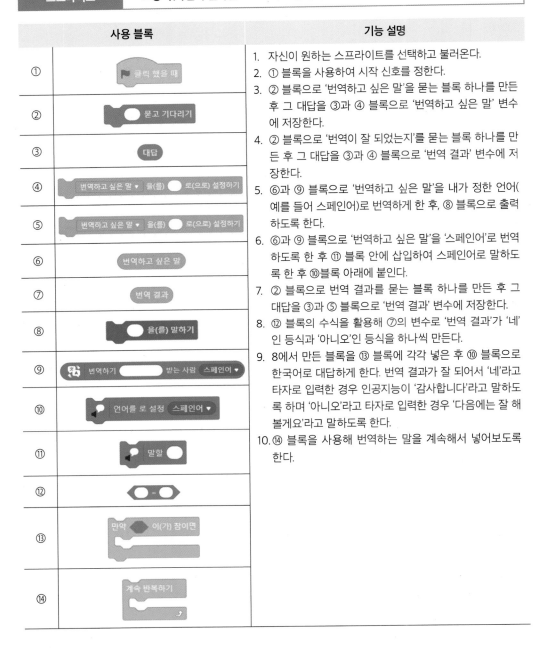	1. 자신이 원하는 스프라이트를 선택하고 불러온다. 2. ① 블록을 사용하여 시작 신호를 정한다. 3. ② 블록으로 '번역하고 싶은 말'을 묻는 블록 하나를 만든 후 그 대답을 ③과 ④ 블록으로 '번역하고 싶은 말' 변수에 저장한다. 4. ② 블록으로 '번역이 잘 되었는지'를 묻는 블록 하나를 만든 후 그 대답을 ③과 ④ 블록으로 '번역 결과' 변수에 저장한다. 5. ⑥과 ⑨ 블록으로 '번역하고 싶은 말'을 내가 정한 언어(예를 들어 스페인어)로 번역하게 한 후, ⑧ 블록으로 출력하도록 한다. 6. ⑥과 ⑨ 블록으로 '번역하고 싶은 말'을 '스페인어'로 번역하도록 한 후 ⑪ 블록 안에 삽입하여 스페인어로 말하도록 한 후 ⑩블록 아래에 붙인다. 7. ② 블록으로 번역 결과를 묻는 블록 하나를 만든 후 그 대답을 ③과 ⑤ 블록으로 '번역 결과' 변수에 저장한다. 8. ⑫ 블록의 수식을 활용해 ⑦의 변수로 '번역 결과'가 '네'인 등식과 '아니오'인 등식을 하나씩 만든다. 9. 8에서 만든 블록을 ⑬ 블록에 각각 넣은 후 ⑩ 블록으로 한국어로 대답하게 한다. 번역 결과가 잘 되어서 '네'라고 타자로 입력한 경우 인공지능이 '감사합니다'라고 말하도록 하며 '아니오'라고 타자로 입력한 경우 '다음에는 잘 해볼게요'라고 말하도록 한다. 10. ⑭ 블록을 사용해 번역하는 말을 계속해서 넣어보도록 한다.

사용 블록	기능 설명

<예시 답안>

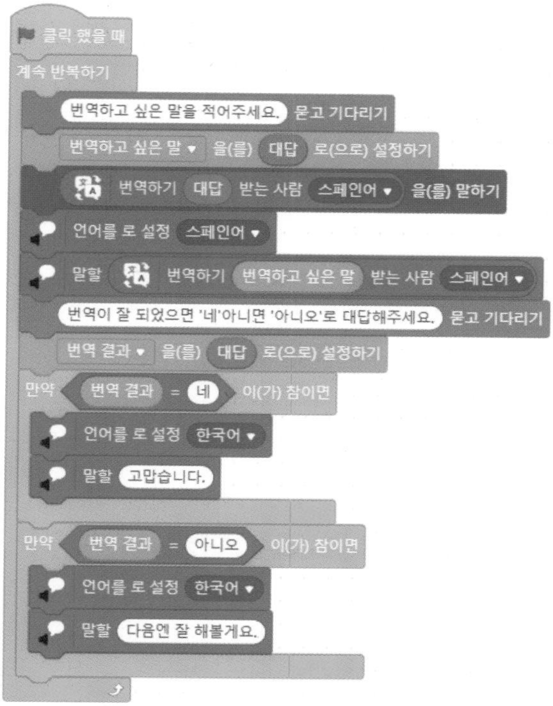

(2) 나만의 단어장을 만들어주는 인공지능을 만들어보자.

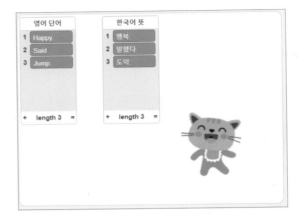

이렇게 해봐요!

- 마이크로 내가 말하는 영어를 인식하도록 해봐요.
- 음성으로 인식한 영어를 한국어로 번역하도록 해봐요.
- 영어 단어와 번역한 한국어 뜻을 각각의 리스트에 추가해봐요.
- 리스트에 추가한 후 어떤 말을 추가했는지 음성으로 안내해봐요.

스프라이트	고양이(자신이 원하는 스프라이트 선택 가능)

	사용 블록	기능 설명
①	🏳 클릭 했을 때	1. 자신이 원하는 스프라이트를 선택하고 불러온다. 2. ① 블록을 사용하여 시작 신호를 정한다. 3. ② 블록으로 '나만의 단어장을 만들어 드릴게요'를 말하도록 한다. 4. ③ 블록 안에 ② 블록으로 '영어 단어를 말해보세요'라고 안내한 후 영어를 음성으로 인식한다. ⑥ 블록 안에 ⑤ 블록을 삽입하여 음성 인식한 영어를 '영어 단어' 리스트에 추가하도록 한다. 그 후 ⑤와 ② 블록을 활용해 '영어 단어'리스트에 인식한 결과를 추가할 것이라고 안내하는 말을 하도록 한다. 5. ⑧ 블록 안에 ⑤ 블록을 삽입하여 음성 인식한 결과를 자동으로 번역하도록 한다. 6. 4에서 만든 블록 아래에 ⑦ 블록 안에 5에서 만든 블록을 삽입하여 '한국어 뜻' 리스트에 추가하도록 한다. 그 후 5에서 만든 블록과 ② 블록을 활용해 '한국어 뜻'리스트에 번역학 결과를 추가할 것이라고 안내하는 말을하도록 한다. 7. ⑥과 ⑨ 블록으로 '번역하고 싶은 말'을 '스페인어'로 번역하도록 한 후 ⑪ 블록 안에 삽입하여 스페인어로 말하도록 한 후 ⑩ 블록 아래에 붙인다. 사용해 번역하는 말을 계속해서 넣어보도록 한다. 8. ⑨ 블록으로 5초 후 다시 영어 단어를 음성 인식하도록 한다.
②	🔊 말할 ⬤	
③	계속 반복하기	
④	☁ 영어 ▾ 을(를) 2 ▾ 초간 음성 인식합니다.	
⑤	☁ 음성인식 결과	
⑥	영어 단어 ▾ 에 ⬤ 항목을(를) 추가하기	
⑦	한국어 뜻 ▾ 에 ⬤ 항목을(를) 추가하기	
⑧	🈂 번역하기 ⬤ 받는 사람 한국어 ▾	
⑨	⬤ 초 기다리기	

<예시 답안>

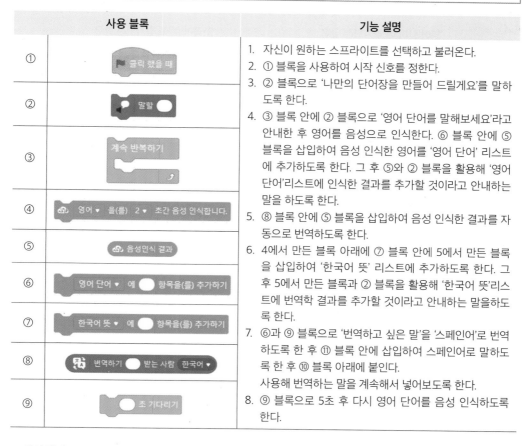

'변수'에서 리스트를 각각 '영어 단어'와 '한국어 뜻' 따로 만든다.

'영어 단어'에 추가되는 항목	'한국어 뜻'에 추가되는 항목

 리스트에 추가되는 것을 보려면 '영어 단어'와 '한국어 뜻' 옆에 □를 체크하면 아래와 같이 스프라이트 화면에 추가되는 항목들이 보인다.

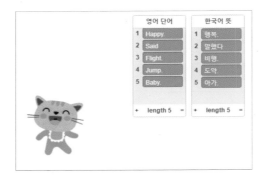

번역하는 사이트에서 현재는 번역 로봇 , 로봇 통역사까지 등장하였다. 글로벌 시대에 번역은 우리에게 언어 장벽을 허무는 필수적인 기능이다. 그렇다면 엠블록을 활용해 번역한 결과를 사람이 듣고 미소 점수로 대답해 주면, 일정 점수 이상일 때 리스트에 추가하는 프로그램을 만들 수 있을까?

프로그램 조건

1. 사용자가 원하는 언어로 입력한 언어를 번역해야 한다.
2. 사용자가 번역이 마음에 드는 만큼 미소 점수로 답해야 한다.
3. 답한 미소 점수가 70점 이상인 경우 '번역 성공' 리스트에 번역한 언어로 추가한다.
4. 무한 반복으로 계속해서 다른 입력 언어를 번역하도록 한다.

HONEY TIP!

1. 미소 점수 감지하기의 경우 [AI] 항목에 [후 미소 점수를 감지 2 ▼ 초] 블록을 활용한다.
2. 미소 점수가 70점 이상인 경우를 판단하기 위해 [>], [미소 인식 결과] 블록을 활용한다.
3. 리스트는 [변수] 항목에서 [리스트 만들기] 로 추가할 수 있다.
4. '번역 성공' 리스트에 번역한 언어로 추가하기 위해서는 [번역하기 대답 받는 사람 프랑스어 ▼] 블록을 만든 후 [번역 성공 ▼ 에 ◯ 항목을(를) 추가하기] 에 삽입한다.

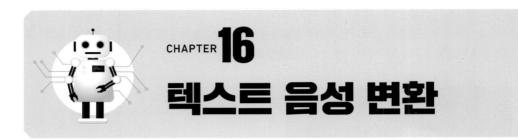

1 인공지능 소개하기

- 정해진 시간 동안 텍스트를 인식한다.
- 인식한 텍스트 결과를 출력한다.
  (결과 출력 확인을 위하여 결과를 확인할 수 있는 블록을 함께 사용한다.)

블록	기능 설명
말할 ◯	스프라이트가 입력된 문자를 읽는다.
음성을 로 설정합니다. 알토 ▾	스프라이트가 문자를 읽을 때의 음성을 정한다. (알토, 테너, 삐걱거리는 소리, 자이언트, 고양이)
언어를 로 설정 한국어 ▾	스프라이트가 출력값을 읽을 때의 언어를 정한다. (23개 언어 설정 가능)

2 인공지능 따라하기

🔑 **모듈 ①** 입력한 문자를 읽어주는 스프라이트 만들기

- 초록 깃발을 클릭하면 아래의 블록이 실행된다.
- 음성을 '삐걱거리는 소리'로 정한다.
- 입력된 텍스트를 말한다.

📝 **TRY IT**

- 한국어, 영어 텍스트를 입력하여 말하도록 만들어보자.
- 스프라이트의 음성을 바꿔서 실행해보자.

🔑 **모듈 ②** 출력값을 정해진 언어로 말해주는 스프라이트 만들기

- 초록 깃발을 클릭하면 아래의 블록이 실행된다.
- 출력 언어를 '한국어'로 설정한다.
- 입력된 출력값을 말한다.

📝 **TRY IT**

- 다양한 언어로 출력값을 말하게 해보자.
- 사칙연산(+, -, ×, ÷) 블록을 활용하여 여러 가지 출력값을 만들어보자.

3 인공지능 실험하기

▶ 이름을 입력하면 인사하는 코끼리

이름을 입력하면 '안녕하세요 ~님이시군요'라고 말하는 코끼리의 모습이다. 앞에서의 모듈 ①과 ②에서 사용한 블록 외에 어떤 블록을 활용하면 좋을지 생각해보자.

■ '관찰' 탭 블록 살펴보기

① 블록 메뉴에서 하늘색 '관찰' 탭을 클릭한다.

② '묻고 기다리기' '대답' 블록의 기능을 생각해본다.

2 '결합하기' 블록과 '대답' 블록으로 음성 변환할 내용 만들기

① '연산' 탭에서 ◯◯ 결합하기 블록을 2개 가져온다.

② 하나의 블록을 다른 블록 안에 삽입하여 입력란이 3개가 되도록 만든다.

◯◯ 결합하기 ◯ 결합하기

③ '대답' 블록을 2번째 입력란에 넣고, 나머지 입력란에 적절한 문구를 입력한다.

안녕하세요 대답 결합하기 님이시군요 결합하기

3 음성 변환 내용을 말하기

① '텍스트 음성 변환' 확장 탭에서 💬 말할 ◯ 블록을 가져온다.

② 음성 변환 내용을 말할 수 있도록 코딩한다.

말할 안녕하세요 대답 결합하기 님이시군요 결합하기

4 명령 블록 완성하기

🚩 클릭 했을 때
당신의 이름은 무엇입니까? 묻고 기다리기
언어를 로 설정 한국어 ▾
말할 안녕하세요 대답 결합하기 님이시군요 결합하기

4   인공지능 개발하기

(1) 두 개의 숫자를 입력하면 그 곱을 알려주는 로봇을 만들어보자.

이렇게 해봐요!

- 첫 번째 수와 두 번째 수를 물어봐요.

- 계산하고 싶은 첫 번째 수와 두 번째 수를 입력해요.

- 스프라이트가 한국어로 곱셈 결과를 말해줘요.

- 다양한 수를 입력하여 곱셈을 해봐요.

스프라이트	사회자

	사용 블록	기능 설명
①	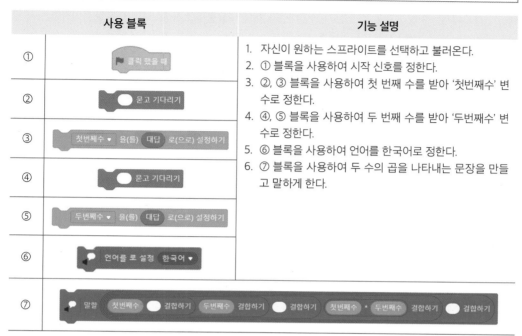	1. 자신이 원하는 스프라이트를 선택하고 불러온다. 2. ① 블록을 사용하여 시작 신호를 정한다. 3. ②, ③ 블록을 사용하여 첫 번째 수를 받아 '첫번째수' 변수로 정한다. 4. ④, ⑤ 블록을 사용하여 두 번째 수를 받아 '두번째수' 변수로 정한다. 5. ⑥ 블록을 사용하여 언어를 한국어로 정한다. 6. ⑦ 블록을 사용하여 두 수의 곱을 나타내는 문장을 만들고 말하게 한다.
②		
③		
④		
⑤		
⑥		
⑦		

<예시 답안>

 입력된 대답을 변수로 정하기 위해서는 '변수' 탭에서 '변수 만들기' 기능을 사용하면 된다.

 결합하기 블록이 많아서 길이가 길어진 경우에는 두 가지 방법을 사용할 수 있다. 첫 번째는 오른쪽 아래 🔍 아이콘을 클릭하여 블록 크기를 줄이는 방법이다. 두 번째는 '말할~' 블록을 2개 사용하여 음성 변환할 내용을 2개로 쪼개는 방법이다.

PROJECT

'오늘 날씨 알려줘.' 또는 '오늘 서울의 최고 기온은 몇 도야?'라고 물으면 지역의 날씨를 말해주는 인공지능 프로그램을 사용해본 적이 있는가? 요즘은 스마트폰을 이용해서도 이러한 서비스를 이용할 수 있다. 이러한 프로그램을 엠블록에서는 어떻게 만들 수 있는지 확인해보자. 아래 내용을 참고하여 스프라이트를 클릭하면 도시 날씨를 말해주는 프로그램을 직접 만들어보자.

프로그램 조건

1. 모든 스프라이트는 한국어를 사용한다.
2. 스프라이트를 클릭하면 1초 동안 도시의 날씨를 말풍선으로 말한다.
3. 말풍선이 없어지면 말풍선 내용을 소리로 들려준다.

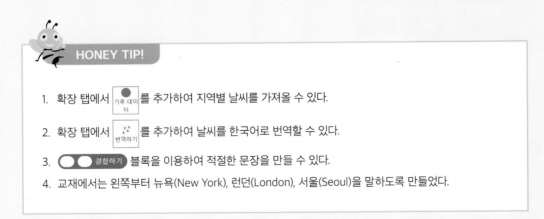

HONEY TIP!

1. 확장 탭에서 [기후 데이터] 를 추가하여 지역별 날씨를 가져올 수 있다.
2. 확장 탭에서 [번역하기] 를 추가하여 날씨를 한국어로 번역할 수 있다.
3. [결합하기] 블록을 이용하여 적절한 문장을 만들 수 있다.
4. 교재에서는 왼쪽부터 뉴욕(New York), 런던(London), 서울(Seoul)을 말하도록 만들었다.

1 인공지능 소개하기

- 원하는 이미지를 학습시킨다.
- 인식한 학습 모델 결과를 다양하게 출력한다.
  (결과 출력 확인을 위하여 결과를 확인할 수 있는 블록을 함께 사용한다.)

블록	기능 설명
인식 결과	'말하기', '동작', '소리' 등의 블록을 함께 사용하여 학습 모델 결과를 나타낸다.
기계학습 ▼ 의 신뢰도	'말하기', '동작', '소리' 등의 블록을 함께 사용하여 학습 모델의 신뢰도를 나타낸다.
인식 결과는 기계학습 ▼ 입니까?	조건 블록을 함께 사용하여 학습 모델의 인식 결과를 나타낸다.

2   인공지능 따라하기

💡 **모듈 ①** 학습 모델을 '놀람' 이미지를 인식하여 모양 바꾸기

- 초록 깃발을 클릭하면 아래의 블록이 실행된다.
- 인식 결과가 놀람이라면 jellyfish-b로 바꾼다.
- 놀람의 신뢰도 결과를 스프라이트가 텍스트로 표시한다.

📋 **TRY IT**

- 자신이 알고 있는 다양한 감정을 추가해서 학습 모델을 만들어보자.
- 이미지 인식 결과에 따라 조건 블록을 이용하여 스프라이트 모양을 바꿔보자.

모듈 ② 학습 모델을 분노 이미지를 인식하여 모양 바꾸기

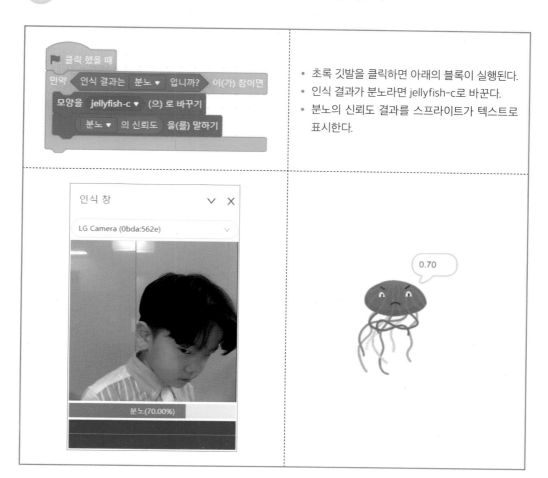

- 초록 깃발을 클릭하면 아래의 블록이 실행된다.
- 인식 결과가 분노라면 jellyfish-c로 바꾼다.
- 분노의 신뢰도 결과를 스프라이트가 텍스트로 표시한다.

모듈 ③   학습 모델을 행복 이미지를 인식하여 모양 바꾸기

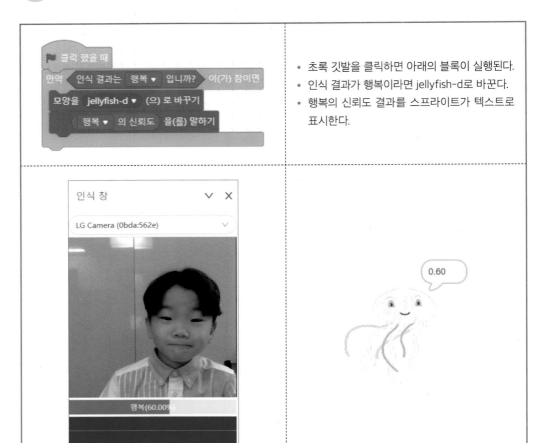

- 초록 깃발을 클릭하면 아래의 블록이 실행된다.
- 인식 결과가 행복이라면 jellyfish-d로 바꾼다.
- 행복의 신뢰도 결과를 스프라이트가 텍스트로 표시한다.

 학습 모델을 만들 때 다양한 이미지를 학습시켜서 감정의 인식 결과와 감정 신뢰도를 잘 인식할 수 있도록 해보자.

3 인공지능 실험하기

▶ 감정을 읽는 해파리

이미지를 학습시킨 후 표정에 따라 해파리 모양을 자유자재로 바꿔 보도록 하자.

❚ '기계 학습' 확장 블록 생성하기

① 'Panda' 스프라이트를 삭제하고 추가 블록에서 'jellyfish' 스프라이트를 추가한다. 오른 쪽 하단의 스프라이트를 선택 후 명령어 블록 하단의 '확장'을 클릭한다.

② 확장센터에서 '기계학습'을 추가한다.

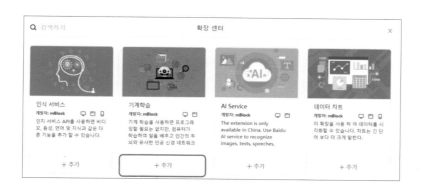

③ 'TM' 블록이 생성되었는지 확인하고 학습 모델을 클릭한다.

④ 전체목록을 클릭한 후 차례대로 행복, 슬픔, 놀람으로 이름을 바꾼다.

   화면에 감정에 맞는 표정을 지은 후 배우기 버튼을 누른다.

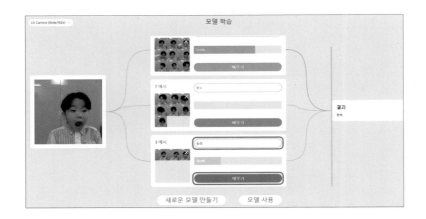

 전체목록을 별도로 추가하려면 새로운 목록 만들기를 누른 후 모델 카테고리의 수를 추가하고 확인 버튼을 누른다. 새로운 모델 만들기가 완성되면 모델사용을 클릭한다.

카테고리의 수를 정해준다. 카테고리의 수는 3개에서 30개까지 가능하다.

⑤ 모델 학습을 완료한 후 모델 사용 버튼을 누른다.

⑥ 모델 학습을 완료하면 하단에 새로운 블록이 생긴다.

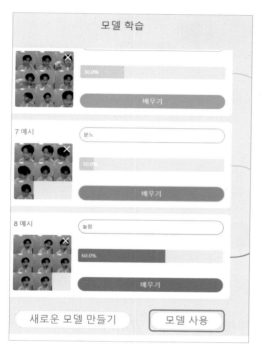 

2 학습 모델 인식 결과가 행복이라면 모양을 바꾸기

① 제어 블록을 활용하여 인식 결과가 행복이 맞는지 확인한다.

② 인식 결과가 행복이라면 모양을 바꾼다.

3   행복의 신뢰도를 말하기

'행복의 신뢰도' 블록을 '말하기 블록' 안에 삽입한다.

4   학습 모델 인식 결과가 행복이라면 행복의 신뢰도 말하기

손 모양에 따라 떨어지는 낙엽을 모으는 고양이

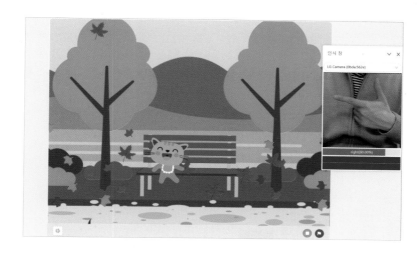

손 모양을 학습시킨 후 고양이가 손 모양에 따라 떨어지는 낙엽을 모으는 게임을 만들어 보자.

1   '기계 학습' 확장 블록 생성하고 학습시키기

① 'TM' 확장 블록이 생성되었는지 확인하고 학습 모델을 클릭한다.

② 아래 화면에서 '새로운 모델 만들기'를 클릭한다.

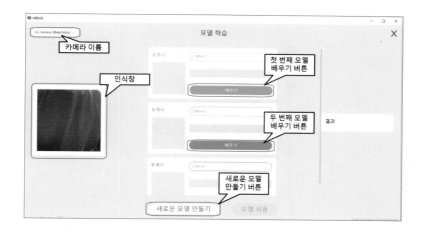

③ 카테고리의 수를 정해준다.

④ 인식 신뢰도를 높이기 위해 다양한 손 모양을 학습시킨다.

 손 모양을 학습시킬 때에는 이름을 이해하기 쉽게 만드는 것이 좋다. (left, right, up, down 등)

⑤ 모델 학습을 완료한 후 모델 사용 버튼을 누른다.

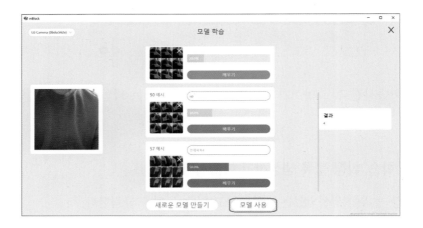

⑥ 모델 학습을 완료하면 하단에 새로운 블록이 생긴다.

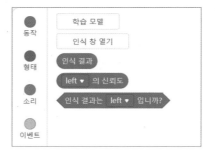

2 고양이가 손 모양을 인식해 좌우로 움직일 수 있도록 조건문 만들기

① 연산 블록을 활용해 인식 결과가 left와 같다면을 만든 후, 이를 판단할 수 있는 조건문을 만든다.

3 인식 결과가 left일 때 왼쪽으로 이동하기

① 동작 블록을 활용하여 인식 결과가 left 라면 왼쪽으로 이동하도록 코딩한다.

② 블록을 복사하여 인식 결과가 right 라면 오른쪽으로 이동하도록 코딩한다.

③ 초록 깃발을 클릭하면 위의 조건문을 계속 반복하도록 한다.

4 동작, 형태, 제어 블록으로 하늘에서 떨어지는 낙엽을 표현하기

① 연산 블록을 활용하여 임의의 시간을 나타내주고, 동작 블록을 활용하여 아래로 떨어지는 낙엽의 위치를 지정해준다.

② 낙엽이 처음에는 안 보이다가 임의의 시간이 지나면 등장할 수 있도록 코딩한다.

③ 일정한 간격을 두고 보이기와 숨기기를 반복하면 낙엽이 떨어지면 사라지는 효과를 나타낼 수 있다.

④ 여러 개의 낙엽 스프라이트의 처음 등장 위치를 각각 다르게 지정해주어 여러 곳에서 낙엽이 떨어지게 해준다. 최종 명령 블록은 아래와 같다.

5 연산, 동작 블록으로 고양이에 닿으면 사라지는 낙엽 표현하기

① 낙엽이 고양이에 닿았는지 확인하는 조건문을 만든다.

```
만약   Cat ▼  에 닿았는가?   이(가) 참이면
```

② 만약 낙엽이 고양이에 닿았다면 낙엽은 사라지게 된다.

```
만약   Cat ▼  에 닿았는가?   이(가) 참이면
    숨기기
```

③ 일정한 시간 간격을 두고 이를 반복하도록 한다.

```
🏴 클릭 했을 때
계속 반복하기
    만약   Cat ▼  에 닿았는가?   이(가) 참이면
        숨기기

        1  초 기다리기
```

📝 **TRY IT**

- 여러 개의 낙엽이 여러 위치에서 떨어지게 만들어보자.
- 고양이가 낙엽을 모으면 점수가 올라가도록 만들어보자.

고기 먹는 공룡

제자리걸음을 하는 공룡이 화면에서 초록색을 인식하면 걸어가고 빨간색을 인식하면 달려간다. 공룡이 고기를 먹으면 에너지가 1씩 올라가고 떨어지는 폭탄에 부딪히면 에너지가 1씩 줄어든다. 게임 시작 후 10초가 지나면 폭탄 한 개가 복제된다. 점수가 0점이 되면 게임은 끝난다. 폭탄을 피해서 고기를 먹어보자.

TRY IT

- 색이 다른 색종이 2장을 미리 준비하자.

▌ 원하는 배경 추가하기

① 배경 탭을 클릭하고 '+' 버튼을 클릭하여 원하는 배경을 선택하여 'forest3'와 'forest4' 배경을 추가한다.

② 초기 배경화면을 forest3로 바꾸기 위해 모양을 클릭한다.

③ 모양 버튼을 클릭한 후 불필요한 'backdrop1'배경은 삭제하고 'forest3'을 선택한 후 'X'를 누른다.

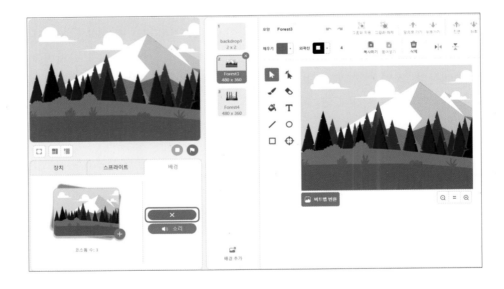

2   원하는 스프라이트 추가하기

'Panda' 스프라이트를 삭제하고 스프라이트 탭에서 '+' 버튼을 클릭하여 'Dinosaur4', 'Bomb', 'Meat14'를 선택하여 스프라이트를 추가한다.

3   기계학습 하기

① 'TM' 확장 블록이 생성되었는지 확인하고 학습 모델을 클릭한 후 인식 신뢰도를 높이기 위해 학습시킨다.

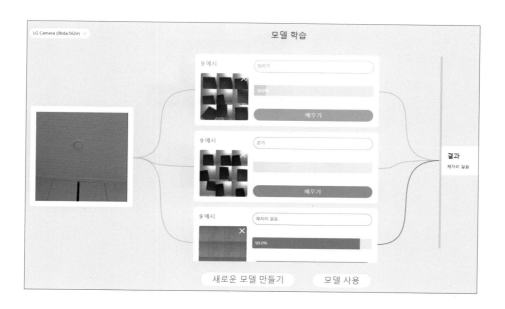

② 모델 학습을 완료하면 하단에 새로운 블록이 생긴다.

4 시작 배경화면과 스프라이트 크기 지정하기

① 각 스프라이트에 [스페이스 ▼ 키를 눌렀을 때] 블록 아래에 [크기를 100 % 로 정하기] 블록과 [x: 0 y: 0 로 이동하기] 블록을 연결하여 크기와 위치를 지정해준다. 'Meat14'는 크기만 지정하고 뒷부분에서 난수를 이용하여 이동하기를 배울 것이다.

② 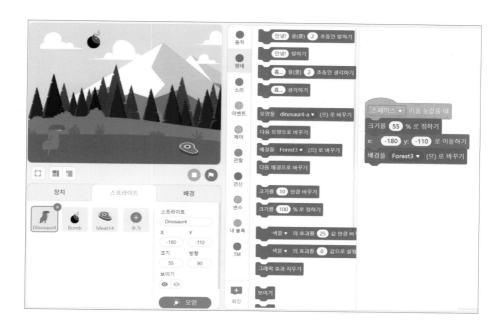 블록을 실행했을 때 배경을 Forest3 ▼ (으)로 바꾸기 블록을 이용하여 첫 배경화면을 지정해준다.

5 공룡이 고기에 닿으면 에너지가 올라가는 변수 추가하기

① 블록 꾸러미에서 변수에서 변수 만들기를 클릭하고 새 변수 이름을 에너지로 정한 뒤 확인을 누른다.

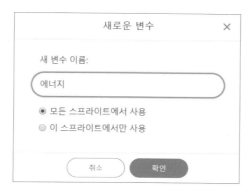

② 에너지 ▼ 을(를) 0 로(으로) 설정하기 을 이용하여 초기 점수를 0으로 초기화할 수 있도록 설정한다.

6 공룡이 학습 모델 인식 결과에 따라 특정한 행동 반복하기

① 만약 이(가) 참이면 블록에 인식 결과는 제자리 걸음 ▼ 입니까? 블록을 사용하여 공룡이 색종이를 인식하지 않았다면 제자리걸음을 하도록 해보자.

② 모양을 dinosaur4-a ▼ (으) 로 바꾸기 블록과 1 초 기다리기 블록을 가져와 'dinosaur4-a'와 'dinosaur4-b'로 연결하고 0.2초마다 모양을 바꿔 움직임을 자연스럽게 해준다.

만약 인식 결과는 제자리 걸음 ▼ 입니까? 이(가) 참이면
　모양을 dinosaur4-a ▼ (으) 로 바꾸기
　　0.2 초 기다리기
　모양을 dinosaur4-b ▼ (으) 로 바꾸기
　　0.2 초 기다리기

③  블록에 ⟨인식 결과는 걷기 ▼ 입니까?⟩ 블록과 ⟨20 만큼 움직이기⟩ 블록을

사용하여 공룡이 초록색 색종이를 인식했다면 걸을 수 있도록 해보자.

만약 ⟨인식 결과는 걷기 ▼ 입니까?⟩ 이(가) 참이면
　20 만큼 움직이기
　모양을 dinosaur4-a ▼ (으)로 바꾸기
　0.1 초 기다리기
　모양을 dinosaur4-b ▼ (으)로 바꾸기
　0.1 초 기다리기

④  블록에 ⟨인식 결과는 달리기 ▼ 입니까?⟩ 블록과 ⟨40 만큼 움직이기⟩ 블록

을 사용하여 공룡이 빨간색 색종이를 인식했다면 달릴 수 있도록 해보자.

만약 ⟨인식 결과는 달리기 ▼ 입니까?⟩ 이(가) 참이면
　40 만큼 움직이기
　모양을 dinosaur4-a ▼ (으)로 바꾸기
　0.1 초 기다리기
　모양을 dinosaur4-b ▼ (으)로 바꾸기
　0.1 초 기다리기

⑤ 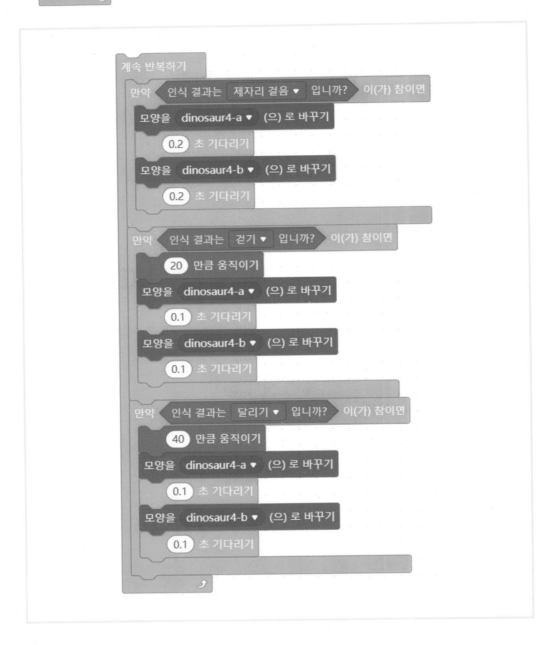 블록 안에 ②, ③, ④번의 블록을 추가하여 계속 반복할 수 있도록 한다.

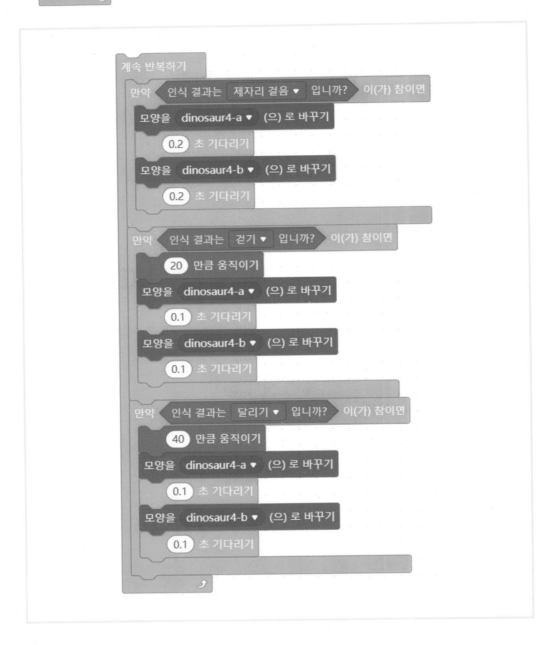

7   공룡 스프라이트가 벽에 닿으면 튕기기와 회전 방식 변경하기

공룡이 화면 끝에 닿았을 때 반대 방향으로 돌아가도록 `벽에 닿으면 튕기기` 블록을 사용한다. `스페이스 ▼ 키를 눌렀을 때` 블록을 실행하면 벽에 닿은 공룡이 뒤집힌 것을 확인할 수 있다. `회전 방식을 왼쪽-오른쪽 ▼ 로 정하기` 블록을 사용하여 공룡이 제대로 움직이도록 해보자.

```
계속 반복하기
    만약  인식 결과는 제자리 걸음 ▼ 입니까?  이(가) 참이면
        모양을 dinosaur4-a ▼ (으)로 바꾸기
        벽에 닿으면 튕기기
        회전 방식을 왼쪽-오른쪽 ▼ 로 정하기
            0.2 초 기다리기
        모양을 dinosaur4-b ▼ (으)로 바꾸기
            0.2 초 기다리기

    만약  인식 결과는 걷기 ▼ 입니까?  이(가) 참이면
            20 만큼 움직이기
        모양을 dinosaur4-a ▼ (으)로 바꾸기
        벽에 닿으면 튕기기
        회전 방식을 왼쪽-오른쪽 ▼ 로 정하기
            0.1 초 기다리기
        모양을 dinosaur4-b ▼ (으)로 바꾸기
            0.1 초 기다리기

    만약  인식 결과는 달리기 ▼ 입니까?  이(가) 참이면
            40 만큼 움직이기
        모양을 dinosaur4-a ▼ (으)로 바꾸기
        벽에 닿으면 튕기기
        회전 방식을 왼쪽-오른쪽 ▼ 로 정하기
            0.1 초 기다리기
        모양을 dinosaur4-b ▼ (으)로 바꾸기
            0.1 초 기다리기
```

8 공룡이 폭탄에 닿으면 에너지 감소하고 소리 재생하기

① 관찰에서 〈 마우스 포인터 ▾ 에 닿았는가? 〉 블록을 가져와 마우스 포인터를 Bomb로 바꾸고

만약 ◆ 이(가) 참이면 에 삽입한다.

② 공룡이 폭탄에 닿았을 때 에너지가 1만큼 감소하도록 해보자.

에너지 ▾ 을(를) -1 만큼 증가시키기 블록을 가져와 ①에 연결한다.

③ 공룡이 폭탄에 닿으면 소리가 나도록 해보자. 소리 추가를 누르고 '엉뚱한' 탭에서 'Bonk'을 누르고 확인 버튼을 누른다.

④ Bonk ▾ (을)를 재생하기 블록을 ②에 연결한다.

9   공룡이 고기에 닿으면 점수가 올라가고 소리 재생하기

① 관찰에서 〈마우스 포인터 ▼ 에 닿았는가?〉 블록을 가져와 마우스 포인터를 Meat14로 바꾸고

만약 ◆ 이(가) 참이면 에 합친다.

② 변수에서 에너지 ▼ 을(를) 1 만큼 증가시키기 블록을 연결해 점수를 얻을 수 있다.

③ 공룡이 고기에 닿으면 소리가 나도록 해보자. 스프라이트에서 소리 버튼을 클릭한다.

④ 소리 추가를 누르고 효과에서 'Magic Spell'을 누르고 확인 버튼을 누른다.

⑤ X를 누르고 소리에서 pop ▾ (을) 를 재생하기 버튼을 추가하여 'Magic Spell'로 바꾸고 ①에 연결한다.

10 공룡이 고기에 닿으면 에너지 증가 메시지 보내기

① 공룡이 고기에 닿았을 때 메시지를 방송하도록 해보자. 이벤트에서  블록을 가져와 새 메시지를 클릭한다.

② 세 메시지 창이 뜨면 새로운 메시지에 에너지 증가로 입력한 후 확인을 누른다.

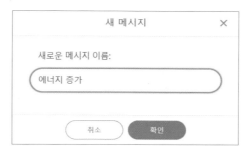

③ ①블록에  블록을 추가하고 '메시지1'을 '에너지 증가'로 설정한다.

④ 공룡 스프라이트의 완성된 코드를 검토한다.

‖ 고기를 랜덤 위치로 이동하기와 숨겼다가 다시 보이기

① 스프라이트 Meat14를 누르고 스페이스▼ 키를 눌렀을 때 버튼을 누르면 랜덤 위치에 고기가 생기도록 해보자. x: ⓪ y: ⓪ 로 이동하기 버튼을 추가하고 연산에서 ① 부터 ⑩ 사이 임의의 수 버튼을 x축 자리에 추가하고 '1'과 '10'을 '−215'와 '215'로 바꾼다.

② 에너지 증가 메시지를 받았을 때 고기를 숨겼다가 1초 동안 랜덤 위치로 이동한 후 고기가 다시 나타나도록 해보자. 형태 에서 숨기기 블록과 보이기 블록 사이에

블록을 연결한다.

③ 고기 스프라이트의 완성된 코드를 검토한다.

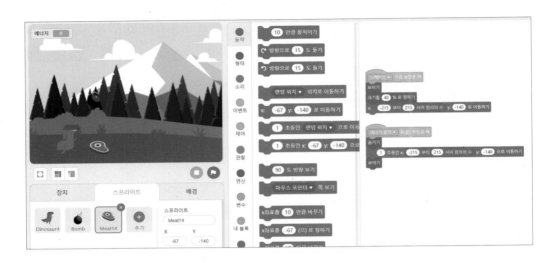

I2 **폭탄이 불규칙한 속도로 떨어지고 10초 후 폭탄 복제하기**

① 폭탄 스프라이트를 선택하고 스페이스▾ 키를 눌렀을 때 블록을 실행하면 폭탄이 1 초동안 x: -80 y: -140 으로 이동하기 블록에 3 부터 5 사이 임의의 수 블록을 추가한다.

② [스페이스 ▼ 키를 눌렀을 때] 블록을 하나 더 추가하고 10초 후 복제본을 만들도록 해보자.

제어에서 [10 초 기다리기] 블록과 [나 자신 ▼ 을 복제하기] 을 가져와 연결한다.

스페이스 ▼ 키를 눌렀을 때
10 초 기다리기
나 자신 ▼ 을 복제하기

③ 폭탄이 복제되었을 때 지정된 위치에서 폭탄이 떨어지도록 해보자. 제어에서 [복제되었을 때]

블록을 가져와 [x: 80 y: 140 로 이동하기] 블록과 [3 부터 5 사이 임의의 수 초동안 x: 80 y: -140 으로 이동하기]

블록을 이용하여 폭탄이 떨어지도록 한다.

복제되었을 때
계속 반복하기
x: 80 y: 140 로 이동하기
3 부터 5 사이 임의의 수 초동안 x: 80 y: -140 으로 이동하기

13 에너지가 0보다 작다면 배경을 바꾸고 게임 끝 방송하기

① 공룡 스프라이트를 누르고  블록에 에너지 블록과 연산에서

  < 50 블록을 찾아 에너지 < 0 아래와 같이 조립한다.

② 에너지가 0보다 작다면 배경을 바꾸도록 만들어보자. 배경을 Forest4 ▾ (으) 로 바꾸기 를 가
  져와 ①번 블록에 연결한다.

③ 이벤트에서 세 메시지를 추가하여 게임 끝 ▾ 을(를) 보내고 기다리기 블록을 생성하고 ②번
  블록에 연결한다.

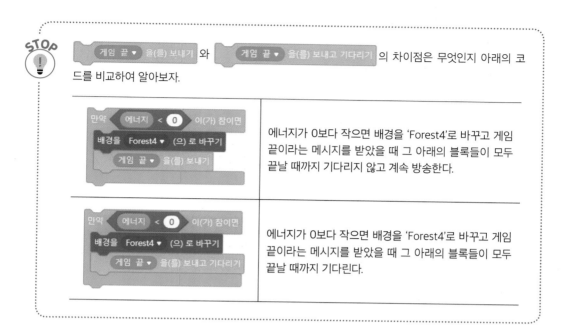

④ 게임이 끝나면 각 스프라이트에 [게임 끝 ▼ 을(를) 받았을 때] 블록 아래에 다음과 같이 블록을 추가한다.

⑤ 게임이 끝났을 때 폭탄과 고기를 숨겼기 때문에 폭탄과 고기 코드에 각각 보이기 블록
을 추가해야 한다.

⑥ 공룡이 게임 끝이라는 메시지를 받았을 때 Game over를 말하고 에너지 변수를 숨긴
다. Lose 소리가 끝나면 정지 모두 ▾ 블록을 사용하여 게임을 모두 정지하도록 한다.

14 공룡 스프라이트 전체 코드 검토하기

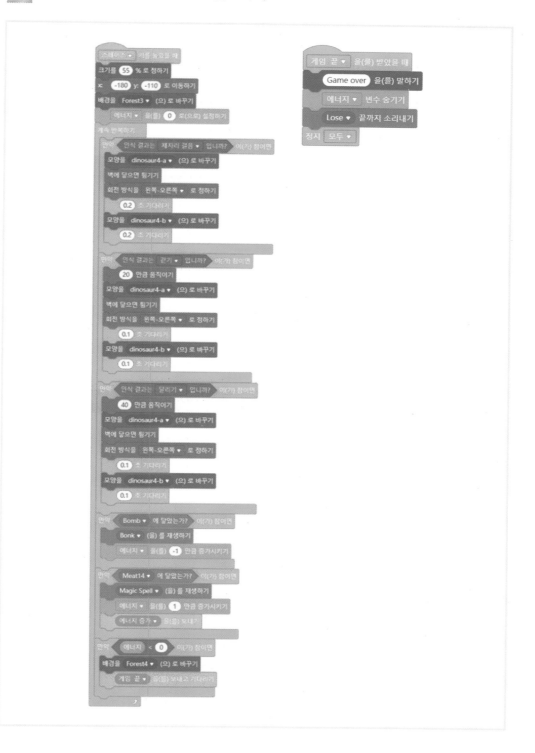

■ **폭탄 스프라이트 전체 코드 검토하기**

- **고기 스프라이트 전체 코드 검토하기**

4 인공지능 개발하기

(1) 표정을 인식하고 해파리가 감정을 읽을 수 있도록 해보자.

🗨️ **이렇게 해봐요!**

- 인식 창에 다양한 표정을 지어봐요.
- 감정을 인식한 스프라이트가 모양이 바뀌어요.
- 인식한 감정의 신뢰도를 말해봐요.
- 감정의 신뢰도가 올라가도록 표정을 지어봐요.

스프라이트	여러 모양의 해파리

	사용 블록	기능 설명
①	스페이스 ▼ 키를 눌렀을 때	1. 해파리 스프라이트를 선택하고 불러온다. 2. ① 블록을 사용하여 시작 신호를 정한다. 3. ② 블록으로 해파리 모양을 바꿀 수 있도록 한다. 4. ③시작할 때 처음 보이는 해파리 이미지를 1초간 유지하도록 한다. 5. ④ 블록을 사용하여 인식 결과를 질문한다. 6. ②, ④, ⑤, ⑥, ⑦ 블록을 사용하여 자신의 표정과 해파리의 이미지와 일치하는지 확인한다. 7. ⑧ 블록을 사용하여 다양한 표정을 지을 때마다 해파리 이미지가 변할 수 있도록 한다.
②	모양을 jellyfish-a ▼ (으) 로 바꾸기	
③	1 초 기다리기	
④	인식 결과는 행복 ▼ 입니까?	**<예시 답안>**
⑤	안녕! 을(를) 말하기	
⑥	행복 ▼ 의 신뢰도	
⑦	만약 ◆ 이(가) 참이면	
⑧	계속 반복하기	

<예시 답안>

```
▶ 클릭 했을 때
모양을 jellyfish-a ▼ (으) 로 바꾸기
    1 초 기다리기
계속 반복하기
    만약 < 인식 결과는 행복 ▼ 입니까? > 이(가) 참이면
        모양을 jellyfish-d ▼ (으) 로 바꾸기
            행복 ▼ 의 신뢰도 을(를) 말하기
    만약 < 인식 결과는 놀람 ▼ 입니까? > 이(가) 참이면
        모양을 jellyfish-b ▼ (으) 로 바꾸기
            놀람 ▼ 의 신뢰도 을(를) 말하기
    만약 < 인식 결과는 분노 ▼ 입니까? > 이(가) 참이면
        모양을 jellyfish-c ▼ (으) 로 바꾸기
            분노 ▼ 의 신뢰도 을(를) 말하기
```

PROJECT

청각장애란 소리를 듣는 힘이 약하거나 완전히 들리지 않는 것을 말한다. 소리를 들을 수 없게 되면 말의 억양이나 발음이 고르지 못하게 되고 적절한 훈련을 받지 않고 방치하면 말이 어눌해지거나, 심각하면 못하는 경우도 있다. 따라서 청각장애란 '의사소통'의 장애라고 할 수 있다. 엠블록 프로그램을 이용해서 청각장애인과 대화할 수 있는 적당한 방법은 무엇이 있을지 생각해본다. 친구들과 손동작과 입 모양을 활용해 의사소통할 수 있도록 프로그래밍해본다.

프로그램 조건

1. 손동작을 인식하고 스프라이트와 말하기 블록이 변할 수 있어야 한다.
2. 손동작과 입 모양과 같은 행동을 인식하고 스프라이트가 말할 수 있어야 한다.

HONEY TIP!

1. `인식 결과는 손동작1 ▾ 입니까?` 블록과 `인식 결과` 블록을 사용하여 인식한 결과를 출력할 수 있도록 명령할 수 있다.

2. `스페이스 ▾ 키를 눌렀을 때` 블록과 같은 이벤트 블록을 사용하여 이미지를 인식할 수 있다.

3. `만약 ◆ 이(가) 참이면` 블록과 `계속 반복하기` 블록을 사용하여 특정한 이미지를 인식할 때마다 블록들을 반복 실행할 수 있다.

4. `안녕! 을(를) 말하기` 블록을 사용하여 인식한 이미지를 말풍선으로 출력할 수 있다.

CHAPTER 18
비디오 감지

1 인공지능 소개하기

- 비디오(카메라)가 움직임을 감지한다.
- 비디오(카메라)의 움직임 값에 따라 스크립트의 동작이나 방향을 나타낸다.

블록	기능 설명
때 비디오 모션 > 10	비디오(카메라)에 감지되는 움직임이 설정한 크기 이상일 때 스크립트를 실행한다.
비디오 모션 ▼ 에 스프라이트 ▼	스프라이트가 감지한 모션 또는 방향을 나타낸다.
비디오 켜기 에 ▼	비디오(카메라)를 켜거나 끄거나 또는 반전 시킨다.
비디오 투명도를 50	설정한 숫자에 따라 비디오(카메라) 화면의 투명도를 조절한다. 빈 칸 안의 수가 클수록 비디오는 투명해진다.

2   인공지능 따라하기

 모듈 ①   비디오 모션을 감지하면 스프라이트가 말하기

• 비디오 모션 값이 10 이상이면 스프라이트가 '안녕!'이라고 말을 한다.

TRY IT

• 비디오 모션 감지를 사용하여 스프라이트를 원하는 방향으로 회전하도록 해보자.

• 비디오 모션 감지를 사용하여 스프라이트가 앞으로 이동할 수 있게 해보자.

• 비디오 모션 감지를 사용하여 스프라이트가 소리를 내도록 해보자.

• 비디오 모션 감지를 사용하여 스프라이트의 모양을 바꿔보자.

모듈 ②   조건문을 활용하여 비디오 감지하기 (스프라이트 이동하기)

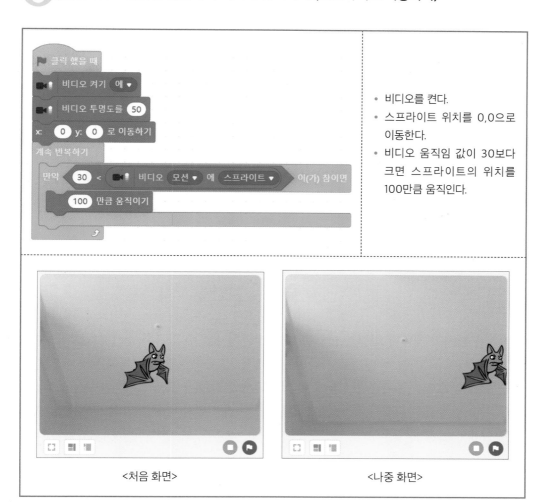

- 비디오를 켠다.
- 스프라이트 위치를 0,0으로 이동한다.
- 비디오 움직임 값이 30보다 크면 스프라이트의 위치를 100만큼 움직인다.

<처음 화면>   <나중 화면>

TRY IT

- 스프라이트가 이동하는 방향을 바꿔보자.
- '만약 ~이(가) 참이면'이라는 조건과 '아니면'이라는 조건문을 함께 사용하여 스크립트를 바꿔 실행해보자.
- 조건문을 사용하여 스프라이트가 말을 하거나, 소리를 내도록 해보자.

3 인공지능 실험하기

▶ 움직임 감지에 따라 자유롭게 날아다니는 박쥐

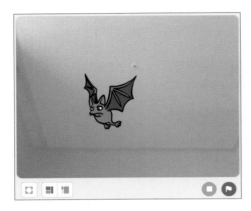

움직임을 감지할 때마다 박쥐가 모양을 바꾸면 날아다닐 수 있도록 스크립트를 만들어보자. 또한 벽에 닿았을 때 박쥐가 사라지는 현상을 방지하기 위하여 '벽에 닿으면 튕기기'라는 블록을 함께 사용하면 완성도 있는 프로그램을 만들 수 있다. 스프라이트의 이동 방향에 따라 방향을 바꿔주기 위해서 벽에 닿았을 때 튕기면서 방향을 바꿀 수 있는 블록을 함께 사용한다.

1 스프라이트 추가하기

① 스프라이트 '추가'를 눌러 박쥐 모양의 스프라이트를 검색한다.

② 스프라이트 저장소에서 'bat'를 검색하여 아래의 표시된 박쥐 스프라이트를 불러온다.
(모양을 바꾸면서 움직이는 박쥐를 위해서는 아래 표시한 박쥐나 'Bat3' 스프라이트를
사용해야 한다.)

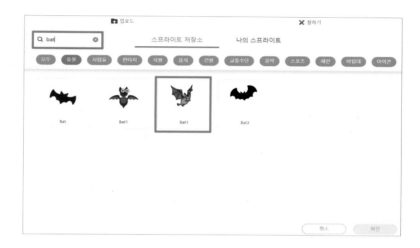

③ 스프라이트 '모양'을 클릭하여 a와 b의 두 가지 모양이 생성되었는지 확인한다.
(날아가는 박쥐를 표현하기 위해서는 모양이 두 가지가 필요하다.)

 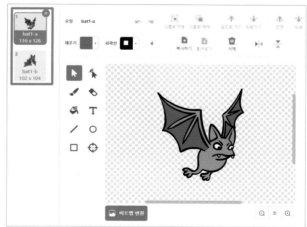

2 비디오 감지 확장 블록 추가하기

① 확장 블록 탭을 클릭한다.

② 확장센터에서 'Video Sensing'을 추가하여 비디오감지 블록을 추가한다.

3 스프라이트 초기 설정

① 비디오를 켜고, 비디오 투명도를 설정한다.
(한국어로 번역하는 과정에서 오타가 있다.)

② 스프라이트의 시작 위치와 회전방식을 설정한다.
(회전방식을 설정하지 않으면 스프라이트가 시작할 때 한 방향만 계속 바라보며 이동한다.)

4 비디오 움직임 값 설정하기

① '연산' 항목에서 아래와 같은 부등호 블록을 불러온다.

② 비디오 감지 값이 일정 수보다 클 경우 스프라이트가 명령에 움직일 수 있도록 설정한다.
  (모션과 스프라이트 선택)

5 조건문 완성하기 및 스크립트 완성하기

① 비디오 모션 값이 30보다 클 때 스프라이트가 명령을 실행할 수 있는 조건문을 만든다.
  이 때 30이라는 값은 임의의 값으로 자신이 원하는 값으로 정하면 된다.

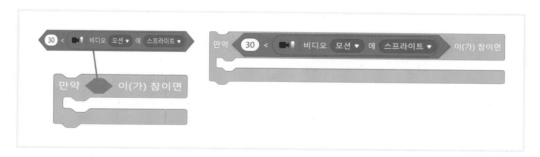

② 비디오 모션을 감지하여 그 값이 30보다 크면 스프라이트의 모양을 바꾸고 이동시킨
  다.(모양바꾸기와 움직이기 블록의 순서는 바뀌어도 상관없다.)

③ 스프라이트가 벽에 닿았을 때 튕기고 자유롭게 날아도록 하기 위해 조건문을 계속 반복한다.

④ 처음에 설정한 블록과 결합하여 스크립트를 완성한다.

비디오의 방향에 따라 스프라이트의 방향을 바꾸면서 손가락을 따라가는 새를 표현할 수 있다.

I 스프라이트 초기 설정

① '자유롭게 날아다니는 박쥐'와 같이 스프라이트의 위치 및 방향, 비디오 켜기와 투명도 설정을 한다.

2 비디오 움직임 값 설정과 조건문 완성하기

① '연산' 항목에서 부등호 블록을 불러온다.

② 비디오 감지 값이 일정 수보다 클 경우 스프라이트가 명령에 움직일 수 있도록 설정한다.
(모션과 스프라이트 선택)

③ 비디오 모션 값이 30보다 클 때 스프라이트 가 명령을 실행할 수 있는 조건문을 만든다.

3 비디오 방향과 스프라이트 방향 설정하기

① '동작' 항목에서 ⬤ 0 도 방향 보기 블록을 불러온다.

② 비디오 감지 방향으로 스프라이트가 바라볼 수 있도록 블록을 결합한다.

4　스크립트 완성하기

① 스프라이트가 벽에 닿았을 때 바라보는 방향을 바꾸고 이동하는 것을 계속 반복한다.

② 처음에 설정한 블록과 결합하여 스크립트를 완성한다.

나만의 낙서장

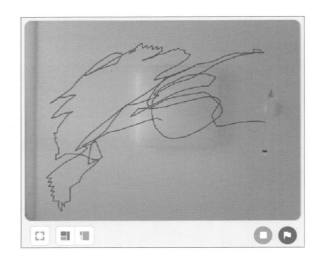

손가락을 따라가는 새의 스크립트와 '펜' 기능을 함께 사용하면 내가 원하는 그림을 그릴 수 있다. 스크립트는 손가락을 따라가는 새와 같지만 스프라이트를 바꾸면 아래와 같이 연필이 낙서를 하는 것처럼 나타낼 수 있다.

▌ 펜기능 추가하기

① 확장 블록을 클릭한다.

② 확장 센터에서 '펜' 기능을 추가한다.

2 스크립트 완성하기

① 펜을 내리고 펜 색깔을 정해준다.

② ①의 블록과 '손가락을 따라가는 새'의 스크립트를 결합한다.

벌레 잡기 게임

손가락을 따라다니며 망치는 움직이고 망치가 벌레와 닿으면 벌레가 사라지는 게임을 만들어보자.

▌ 스프라이트 추가하기

① 게임을 하기 위해서 벌레 스프라이트와 벌레를 잡기 위한 스프라이트 두 가지가 필요하다. 스프라이트 추가를 클릭한다.

② 자신이 원하는 스프라이트 두 가지를 선택하여 추가한다.

2   '망치' 스프라이트 스크립트 완성하기

① '손가락을 따라가는 새'의 스크립트와 똑같이 명령 블록을 완성한다.

② 잡은 벌레 수를 표시하기 위해 잡은 벌레수 변수를 만든다.

③ 변수를 표시하기 위해 변수 보이기 블록과 시작할 때 0으로 시작하도록 하기 위해 아래와 같이 블록을 완성한다.

④ 벌레에 닿으면 잡은 벌레 수를 1만큼 증가시킨다.

⑤ 잡은 벌레 수만큼 변수를 계속 증가시키기 위해 위의 블록을 계속 반복한다.

3 '벌레' 스프라이트 스크립트 완성하기

① 처음 스크립트가 실행될 때는 벌레가 보이지 않게 숨겨준다.

② 일정 시간이 지나면 벌레가 복제된다.(기다리는 초가 짧을수록 벌레가 빨리 나타남)

③ 위의 명령을 계속 반복한다.

④ 벌레 스프라이트가 복제되면 임의의 위치로 이동하여 나타난다.

⑤ 벌레가 망치에 닿으면 사라지고 망치에 닿지 않으면 그대로 있도록 코딩한다.

⑥ 조건문이 계속 반복되면 스크립트가 완성된다.

4 스프라이트별 완성된 스크립트

Axe2

▶ 클릭 했을 때
📹 비디오 켜기 에 ▾
📹 비디오 투명도를 50
계속 반복하기
　만약 〈 📹 비디오 모션 ▾ 에 스프라이트 ▾ > 30 〉 이(가) 참이면
　　📹 비디오 방향 ▾ 에 스프라이트 ▾ 도 방향 보기
　　10 만큼 움직이기

　벽에 닿으면 튕기기

▶ 클릭 했을 때
　잡은 벌레 수 ▾ 변수 보이기
　잡은 벌레 수 ▾ 을(를) 0 로(으로) 설정하기
계속 반복하기
　만약 〈 Bug2 ▾ 에 닿았는가? 〉 이(가) 참이면
　　잡은 벌레 수 ▾ 을(를) 1 만큼 증가시키기

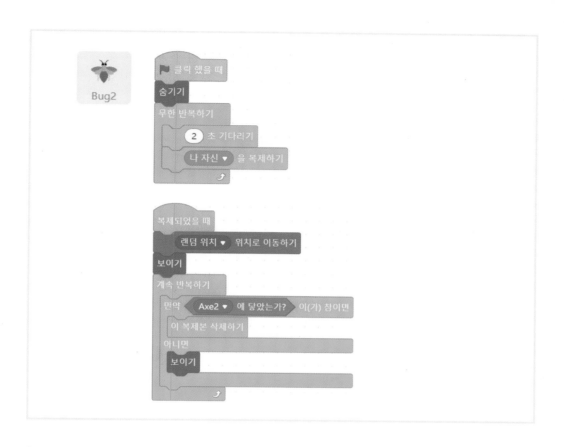

4   인공지능 개발하기

(1) 음식 먹기 게임을 만들어보자.

🗨️ **이렇게 해봐요!**

- 복제하기와 복제본 삭제하기 기능을 사용하여 음식이 사라지면 다시 나타나도록 해봐요.
- 일정한 시간이 아니라 임의의 수를 사용하여 1초 ~ 5초 중 임의의 시간이 지난 후에 음식 스프라이트가 보일 수 있게 해요.
- 음식 스프라이트가 보일 때 정해진 위치가 아니라 임의의 위치로 계속 바뀌면서 보일 수 있게 해요.
- 조건문을 사용하여 움직임을 감지하면 음식이 사라지도록 하고 변수(사라진 음식 수)를 1씩 증가시켜요.

스프라이트	음식 스프라이트

	사용 블록	기능 설명
①	비디오 켜기 (에 ▼) 비디오 투명도를 ( )	1. 자신이 좋아하는 음식 스프라이트를 선택한다. 2. ① 블록을 사용하여 비디오를 켜고 투명도를 설정한다. 3. ② 블록으로 스프라이트가 보이고 사라지게 한다. 4. ③ 블록으로 스프라이트를 계속 반복으로 복제하여 계속 나타났다가 사라졌다가 반복하게 한다. 5. ④ 블록을 사용하여 1초~5초 중에 임의로 정해진 시간을 기다렸다가 스프라이트가 다시 나타나게 한다. 6. ⑤ 블록으로 스프라이트가 나타날 때 지정된 위치가 아니라 임의의 위치로 나타나게 할 수 있다. 7. ⑥, ⑧ 블록을 사용하여 비디오 움직임 값 (조건)에 따라 스크립트를 실행할 수 있다. 8. ⑦ 블록의 변수를 사용하여 처음에 스크립트를 시작하기 전에 0으로 설정하고 음식을 먹고 사라질 때마다 1씩 올라갈 수 있도록 설정한다.
②	숨기기 보이기	
③	복제되었을 때 나 자신 ▼ 을 복제하기 이 복제본 삭제하기	**<예시 답안>**
④	( ) 부터 ( ) 사이 임의의 수 ( ) 초 기다리기	클릭 했을 때 음식 ▼ 변수 보이기 음식 ▼ 을(를) 0 로(으로) 설정하기 비디오 켜기 에 ▼ 비디오 투명도를 50 숨기기 계속 반복하기 　1 부터 5 사이 임의의 수 초 기다리기 　나 자신 ▼ 을 복제하기
⑤	랜덤 위치 ▼ 위치로 이동하기	
⑥	( ) > ( ) 비디오 모션 ▼ 에 스프라이트 ▼	복제되었을 때 랜덤 위치 ▼ 위치로 이동하기 보이기 계속 반복하기 　만약 비디오 모션 ▼ 에 스프라이트 ▼ > 50 이(가) 참이면 　　음식 ▼ 을(를) 1 만큼 증가시키기 　　이 복제본 삭제하기 　아니면 　　보이기
⑦	음식 ▼ 을(를) ( ) 로(으로) 설정하기 음식 ▼ 을(를) ( ) 만큼 증가시키기	
⑧	만약 ( ) 이(가) 참이면 아니면 계속 반복하기	

게임 개발자가 된 AI! 방향키로 누르지 않고 비디오 감지를 사용하여 벽돌깨기 게임을 하고 싶은데 어떻게 하면 좋을까?

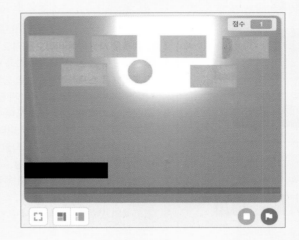

 프로그램 조건

1. 검은색 막대기는 비디오감지로 좌우로 움직여야 한다.
2. 검은색 막대기에 공이 닿으면 공은 튕겨서 위로 올라간다.
3. 공과 벽돌이 닿으면 벽돌이 사라지며 점수가 1점 올라간다.
4. 공이 검은색 막대기에 닿지 않고 가장 아래 부분(갈색)에 닿으면 게임이 끝난다.

HONEY TIP!

1. 비디오 감지에 움직임 값이 있어야 하므로 `비디오 모션 ▼ 에 스프라이트 ▼` 블록을 활용하여 조건문과 결합하여 사용할 수 있다. 이 조건을 활용하여 움직임이 있을 때는 오른쪽으로 없을 때는 왼쪽으로 이동하도록 하면서 막대기를 움직일 수 있다.

2. `마우스 포인터 ▼ 에 닿았는가?` 블록과 조건문을 사용하여 벽돌과 공이 닿았을 때 벽돌이 사라지고 점수가 올라갈 수 있게 할 수 있다.

3. `○ 부터 ○ 사이 임의의 수` 블록을 사용하여 임의의 값을 지정하여 공이 튀어가는 방향이나 각도 등을 지정할 수 있다.

4. 변수를 `점수` 로 만들고, 정답을 맞힐 때마다 `점수 ▼ 을(를) ○ 만큼 증가시키기` 블록을 사용하여 점수가 올라가도록 할 수 있다.

1   인공지능 소개하기

- 차트(표나 그래프)의 종류, 제목, 축을 설정한다.
- 어떤 것에 대한 x 값과 y 값을 입력한다.
  ("데이터 차트 창 열기"를 통해 입력한 데이터를 확인할 수 있다.)

블록	기능 설명
데이터 차트 창 열기 데이터 차트 창 닫기	데이터 차트 창을 열거나 닫는다.
차트 제목 설정 untitled	차트 맨 위에 나타낼 제목을 설정한다.
차트 종류 설정 테이블 ▼	차트의 종류(테이블(표), 꺾은선그래프, 막대그래프)를 설정한다.
축 이름 설정: x date Y temperature/ ℃	차트 축의 이름을 설정한다. (x는 가로축, y는 세로축)
입력 데이터를 indoor : x monday Y 15	어떤 것에 대한 데이터를 입력한다. (예: indoor 값에 대한 가로에 입력할 값 Monday, 세로에 입력할 값 15)
데이터 지우기	지금까지 입력한 데이터만 삭제한다. (차트의 종류, 제목, 축은 삭제되지 않는다.)

2 인공지능 따라하기

 모듈 ① 데이터를 입력하여 표나 그래프로 나타내기

- 초록 깃발을 누르면 아래의 블록을 실행한다.
- 차트의 종류를 테이블(표)로 나타낸다.
- 차트의 제목을 "요일별 실내외 온도"로 설정한다.
- 차트의 축을 x(가로)는 요일, y(세로)는 온도(℃)로 설정한다.

- 스프라이트를 클릭하면 아래의 블록을 실행한다.
- 데이터 차트 창을 열어 입력값을 확인한다.
- 데이터를 입력한다.
- 실내: (월요일, 15), (수요일, 18), (금요일, 14)
- 실외: (월요일, 7), (수요일, 1), (금요일, 6)

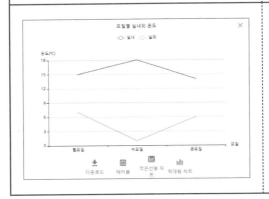

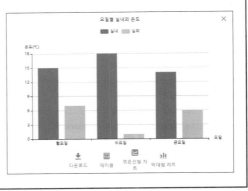

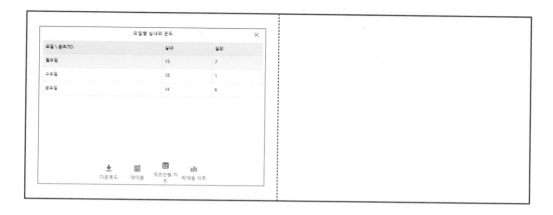

TRY IT

- 데이터를 바꿔 차트의 변화를 살펴보자.

- 차트의 종류에 따라 적합한 데이터를 입력해보자.

- 사용자에게 입력할 데이터를 물어보고 대답이 입력될 수 있도록 바꿔보자.

3 인공지능 실험하기

▶ 표를 이용하여 용돈 기입장 만들기

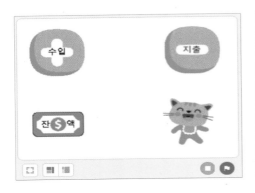

사용자가 '+(수입)'이나 '−(지출)'을 누르면 항목과 금액을 입력할 수 있도록 만들어진 용돈 기입장이다. 앞에서 사용한 블록 외에 어떤 블록을 활용하면 좋을지 생각해보자.

Ⅰ '+(수입)'을 누르면 항목과 금액을 묻고 차트에 입력하기

① 무슨 항목을 넣을 것인지 사용자의 "대답"을 받아 "항목" 변수를 설정한다. ("항목" 변수는 후에 x(가로)값이 된다.)

② 얼마의 돈을 받았는지 사용자의 "대답"을 받아 "금액" 변수를 설정한다. ("금액" 변수는 후에 y(세로)값이 된다.)

얼마?(숫자만 입력) 묻고 기다리기
금액 ▼ 을(를) 대답 로(으로) 설정하기

③ 차트의 x(가로)값은 수입에 대한 항목, y(세로)값은 수입에 대한 금액으로 설정하여 데이터를 입력한다.

입력 데이터를 수입 : x 항목 Y 금액

④ 현재 남은 금액을 말해주기 위하여 "잔액" 변수에 "금액"만큼 더한다.

잔액 ▼ 을(를) 금액 만큼 증가시키기

2 '-(지출)'을 누르면 항목과 금액을 묻고 차트에 입력하기

① 무슨 항목을 넣을 것인지 사용자의 "대답"을 받아 "항목" 변수를 설정한다. ("항목" 변수는 후에 x(가로)값이 된다.)

무슨 지출? 묻고 기다리기
항목 ▼ 을(를) 대답 로(으로) 설정하기

② 얼마의 돈을 사용했는지 사용자의 "대답"을 받아 "금액" 변수를 설정한다. ("금액" 변수는 후에 y(세로)값이 된다.)

> 얼마?(숫자만 입력) 묻고 기다리기
> 금액 ▼ 을(를) 대답 로(으로) 설정하기

③ 차트의 x(가로)값은 지출에 대한 항목, y(세로)값은 지출에 대한 금액으로 설정하여 데이터를 입력한다. 이때, "잔액"변수의 연산을 쉽게 하기 위하여 "− 1 * '금액'"으로 y(세로)값을 설정한다.

> 입력 데이터를 지출 : x 항목 Y -1 * 금액

④ 현재 남은 금액을 말해주기 위하여 "잔액" 변수에 "금액"만큼 뺀다.

> 잔액 ▼ 을(를) -1 * 금액 만큼 증가시키기

3 '-잔액'을 누르면 남은 돈 말하기

① 고양이 스프라이트가 현재 "잔액" 변수만큼 돈이 남았다고 말하게 한다.

> 현재 잔액 원 남았습니다. 결합하기 결합하기 을(를) 2 초동안 말하기

② 만약 잔액이 0원 미만이라면 고양이 스프라이트가 "돈이 부족합니다"라고 말한다.

4 프로그램 안내하기

① 초록 깃발을 누르면 처음 안내 사항을 말하게 한다.

② 차트의 종류, 제목, 축을 설정한다.

5 표 확인하기

① 데이터 차트 창을 열어 용돈 기입장 테이블을 확인한다. (밑에 다운로드를 눌러 "엑셀 Excel"로 저장하여 데이터를 보관할 수 있다.)

코끼리의 속도를 측정하는 그래프 만들기

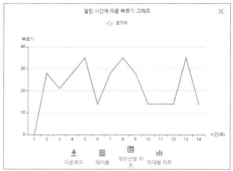

코끼리를 누를 때마다 앞으로 움직이고 그 빠르기를 계산하여 그래프로 나타내준다. 여기에 코끼리가 속도를 구할 수 있는지 퀴즈까지 내는 프로그램이다. 어떤 블록을 활용하면 좋을지, 빠르기는 어떻게 구해야 할지 생각해보자.

┃┃ 스프라이트와 데이터 차트의 기본 설정하기

① '초록 깃발'을 클릭했을 때, 코끼리 스프라이트의 초기 위치를 지정하고, 데이터의 기본
  사항을 설정한다. 타이머의 역할을 하는 '시간' 변수도 초기화해준다.

```
🏳 클릭 했을 때
x: -158 y: -78 로 이동하기
📊 데이터 지우기
📊 데이터 차트 창 닫기
📊 차트 제목 설정 걸린 시간에 따른 빠르기 그래프
📊 차트 종류 설정 꺾은선형 차트 ▾
📊 축 이름 설정: x 시간(초) Y 빠르기
시간 ▾ 을(를) 0 로(으로) 설정하기
```

② 코끼리가 시작 전에 프로그램을 실행하는 방법을 설명한다.

```
'스페이스' 키를 누르면 시간이 측정됩니다. 스프라이트를 눌러 스프라이트를 이동시켜보세요. 을(를) 2 초동안 말하기
```

┃2┃ 시간에 따른 움직임 측정하기

① '스페이스' 키를 눌렀을 때 타이머를 시작하게 한다. '관찰'의 '타이머'는 소수 셋째짜리
  까지 보이고 일시 정지가 불가능하므로 '변수'를 사용한다.

```
스페이스 ▾ 키를 눌렀을 때
계속 반복하기
  1 초 기다리기
  시간 ▾ 을(를) 1 만큼 증가시키기
```

② 이때 1초마다 입력한 데이터를 차트에 입력하기 위해 x는 '시간' 변수, y는 현재 위치에서 1초 전 위치를 뺀 값을 입력한다. 1초 전 x좌표를 '변수'를 사용해 만든다.

> 입력 데이터를 `코끼리` :x `시간` Y `x 좌표` - `직전x좌표`

③ '직전x좌표' 변수는 '1초 기다리기' 전에 x좌표로 설정해준다.

> `직전x좌표 ▼` 을(를) `x 좌표` 로(으로) 설정하기

④ 만약 스프라이트가 벽에 닿으면 계속 반복하던 것을 멈추고 '시간'을 정지한다.

> 만약 `벽 ▼ 에 닿았는가?` 이(가) 참이면
> 정지 `이 스크립트 ▼`

3 스프라이트를 클릭하면 앞으로 움직이기

① 스프라이트를 클릭했을 때 앞으로 움직이고 그때마다 모양을 바꾼다.

> `7` 만큼 움직이기
> 다음 모양으로 바꾸기

② 스프라이트가 벽에 닿으면 움직임을 없게 하고 데이터 차트 창을 연다. 속도 측정이 끝남과 동시에 '퀴즈' 신호를 보낸다.

③ 데이터 차트 창이 열리면 언제 속도가 가장 빨랐는지 스프라이트의 순간 속도를 알 수 있다.

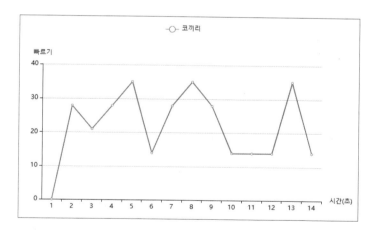

4 ┃ 빠르기를 묻는 퀴즈 내기

① 스프라이트가 벽에 닿았을 때 보낸 '퀴즈' 신호를 받았을 때, 사용자에게 평균속도를 묻는다. 이때, 일시 정지된 '시간' 변수를 사용한다.

② (빠르기)=(이동 거리)÷(걸린 시간)이므로 만약 사용자의 대답이 맞았다면 "정답!", 틀린다면 "땡!"을 말한다. 이때, 답이 소수가 나올 수 있으므로 일의 자리까지 반올림한다.

4 인공지능 개발하기

(1) 일주일간 우리 지역의 기후데이터를 수집해서 표나 그래프로 나타내는 프로그램을 만들어보자.

시간(날짜) \ 온도(℃)	최고온도	최저온도	습도
4월1일	16	1	80
4월2일	15	1	60
4월3일	15	8	74
4월4일	11	6	45
4월5일	14	5	47
4월6일	15	8	79
4월7일	15	8	80

우리 지역의 기후데이터

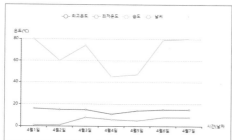

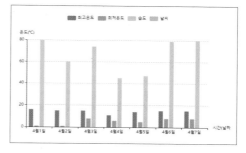

확장 블록에서 [기후데이터]를 추가하여 진행한다.

이렇게 해봐요!

- 날짜를 변수로 만들어 x축에 넣어요.
- 원하는 기후데이터를 y축에 넣어요.
- 수집한 데이터를 다운 받아 엑셀을 이용해서 분석해요.

스프라이트	고양이

※ 고양이 스프라이트

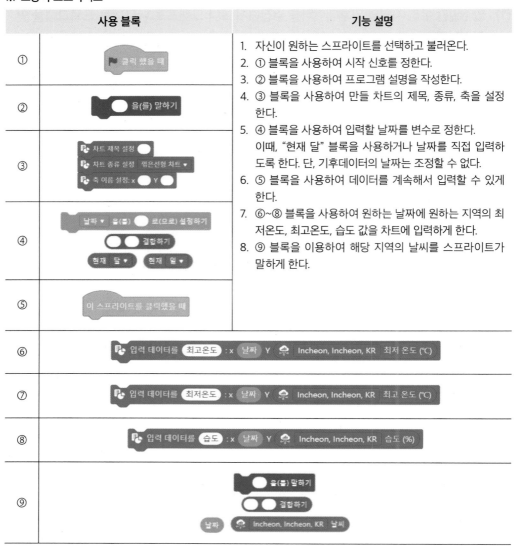

	사용 블록	기능 설명
①	클릭 했을 때	1. 자신이 원하는 스프라이트를 선택하고 불러온다. 2. ① 블록을 사용하여 시작 신호를 정한다. 3. ② 블록을 사용하여 프로그램 설명을 작성한다. 4. ③ 블록을 사용하여 만들 차트의 제목, 종류, 축을 설정한다. 5. ④ 블록을 사용하여 입력할 날짜를 변수로 정한다. 이때, "현재 달" 블록을 사용하거나 날짜를 직접 입력하도록 한다. 단, 기후데이터의 날짜는 조정할 수 없다. 6. ⑤ 블록을 사용하여 데이터를 계속해서 입력할 수 있게 한다. 7. ⑥~⑧ 블록을 사용하여 원하는 날짜에 원하는 지역의 최저온도, 최고온도, 습도 값을 차트에 입력하게 한다. 8. ⑨ 블록을 이용하여 해당 지역의 날씨를 스프라이트가 말하게 한다.
②	◯ 을(를) 말하기	
③	차트 제목 설정 ◯ 차트 종류 설정 꺾은선형 차트 ▾ 축 이름 설정: x ◯ Y ◯	
④	날짜 ▾ 을(를) ◯ 로(으로) 설정하기 ◯◯ 결합하기 현재 달 ▾ 현재 일 ▾	
⑤	이 스프라이트를 클릭했을 때	
⑥	입력 데이터를 최고온도 : x 날짜 Y ☁ Incheon, Incheon, KR 최저 온도 (℃)	
⑦	입력 데이터를 최저온도 : x 날짜 Y ☁ Incheon, Incheon, KR 최고 온도 (℃)	
⑧	입력 데이터를 습도 : x 날짜 Y ☁ Incheon, Incheon, KR 습도 (%)	
⑨	◯ 을(를) 말하기 ◯◯ 결합하기 날짜 ☁ Incheon, Incheon, KR 날씨	

사용 블록	기능 설명

<예시 답안>

```
🏁 클릭 했을 때
   일주일간 우리 지역의 기후데이터를 수집해 표와 그래프로 나타내봅시다. 저를 누르면 데이터가 기록됩니다. 을(를) 말하기
   📊 차트 제목 설정  우리 지역의 기후데이터
   📊 차트 종류 설정  꺾은선형 차트 ▼
   📊 축 이름 설정: x  시간(날짜)  Y  온도(℃)
   날짜 ▼  을(를)  ( 현재  달 ▼  월 결합하기  현재  일 ▼  일 결합하기  결합하기 )  로(으로) 설정하기
```

```
이 스프라이트를 클릭했을 때
   📊 입력 데이터를  최고온도  : x  날짜  Y  ⛅ Incheon, Incheon, KR  최고 온도 (℃)
   📊 입력 데이터를  최저온도  : x  날짜  Y  ⛅ Incheon, Incheon, KR  최저 온도 (℃)
   📊 입력 데이터를  습도  : x  날짜  Y  ⛅ Incheon, Incheon, KR  습도 (%)
   ( 날짜  : 인천 날씨  ⛅ Incheon, Incheon, KR  날씨 결합하기  결합하기 )  을(를) 말하기
   📊 데이터 차트 창 열기
```

 STOP 기후데이터의 날짜는 조정할 수 없다. 원하는 지역의 기후 변화를 알기 위해서는 하루에 한 번씩 스프라이트를 클릭해야 한다.

■ 쓰레기통 스프라이트

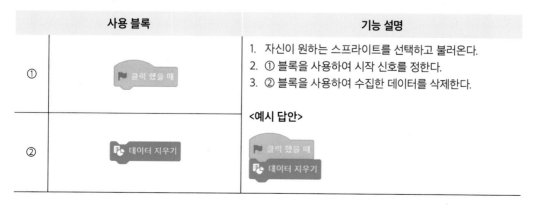

	사용 블록	기능 설명
①	🏁 클릭 했을 때	1. 자신이 원하는 스프라이트를 선택하고 불러온다. 2. ① 블록을 사용하여 시작 신호를 정한다. 3. ② 블록을 사용하여 수집한 데이터를 삭제한다. **<예시 답안>** 🏁 클릭 했을 때 📊 데이터 지우기
②	📊 데이터 지우기	

■ 차트 다운로드 후 엑셀에서 필터링

사용 블록	기능 설명
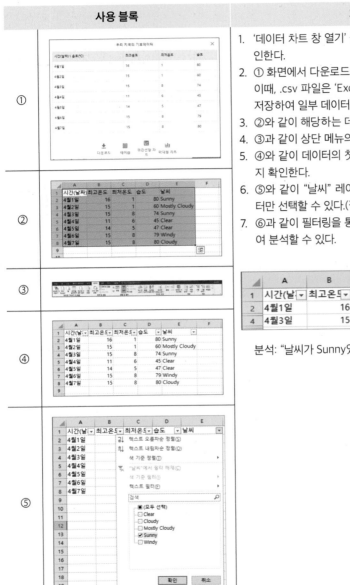	1. '데이터 차트 창 열기' 블록을 사용하여 표나 그래프를 확인한다. 2. ① 화면에서 다운로드를 눌러 .csv 파일을 다운 받는다. 이때, .csv 파일은 'Excel 통합 문서(.xlsx)' 형식으로 다시 저장하여 일부 데이터나 기능 손실을 방지한다. 3. ②와 같이 해당하는 데이터에 블록을 지정한다. 4. ③과 같이 상단 메뉴의 '데이터' – '필터'를 누른다. 5. ④와 같이 데이터의 첫 번째 열에 칸마다 버튼이 생겼는지 확인한다. 6. ⑤와 같이 "날씨" 레이블에 버튼을 누르면 원하는 데이터만 선택할 수 있다.(필터링) 7. ⑥과 같이 필터링을 통해 필요한 데이터만 선택해 수집하여 분석할 수 있다.

	A	B	C	D	E
1	시간(날	최고온5	최저온5	습도	날씨
2	4월1일	16	1	80	Sunny
4	4월3일	15	8	74	Sunny

분석: "날씨가 Sunny였던 날은 4월 1일과 4월 3일이다.

손님들이 주문한 음료와 간식 데이터를 수집하는 프로그램을 만들고 엑셀을 사용하여 데이터를 분석해 보자.

음료 - 간식 추천시스템을 위해 데이터를 수집해 봅시다.

사람 \ 종류	음료	간식
1번 손님	커피	케익
2번 손님	주스	빵
3번 손님	커피	빵
4번 손님	주스	빵
5번 손님	차	샐러드
6번 손님	우유	샐러드
7번 손님	차	케익

다운로드 　 테이블 　 꺾은선형 차트 　 막대형 차트

프로그램 조건

1. '변수'를 이용하여 손님마다 번호를 매긴다.
2. 데이터 차트의 제목, 종류, 축 이름을 적절하게 설정한다.
3. 손님에게 주문할 음료와 간식을 묻고 대답을 차트에 입력한다.
4. 엑셀을 이용하여 각 음료를 주문했을 때 무슨 간식류가 가장 많이 팔리는지 표로 나타내어 데이터를 분석한다.

	커피	주스	차	우유
과자				
빵				
샐러드				
케익				
각 음료와 많이 선호하는 간식류				

HONEY TIP!

1. 변수를 만들어 사람에 번호를 매기거나 이름을 표기하면 데이터를 관리할 때 편하다.
2. 관찰의 `무슨 음료?(커피, 주스, 차, 우유 중에서 택1) 묻고 기다리기` 블록을 사용하여 손님에게 음료와 간식류를 묻고 대답을 차트에 반영할 수 있다.
3. 데이터 차트의 `입력 데이터를 음료 :x 손님 Y 대답` 블록을 사용하여 차트에 입력할 수 있다.
4. 데이터 테이블(표)를 엑셀로 바꿔 '필터'를 이용하면 데이터를 분석할 때 용이하다.

PLUS TIP!

방법1. 데이터 전체를 블록 지정하여 '필터'를
통해 원하는 데이터만 수집하기
1) 블록지정 - '데이터' - '필터'
2) 필요한 데이터의 개수를 세어 표의 빈칸 채
우기

	커피	주스	차	우유
과자				
빵				
샐러드				
케익				
각 음료와 많이 선호하는 간식류				

방법2. 엑셀의 함수를 이용하여 원하는 데이터
만 수집하기
1) Countifs: 여러 조건을 만족하는 셀의 개수
세기
하나의 셀에 =countif(음료 행, **"커피"**, 간식
행, **"과자"**) 입력하기

2) Index: 선택한 범위에서 지정된 값 말하기
• Match: 선택한 범위에서 지정된 항목을 검
색한 뒤, 상대적인 위치 말하기
• Max: 선택한 범위에서 최댓값 찾기
• 하나의 셀에 =index(간식 행, match(max
(커피 행), 커피 행, 0)) 입력하기

분석:
1 - 커피를 주문한 사람은 케익을 같이 주문할
확률이 높다.
2 - 주스나 우유를 주문한 사람은 빵을 같이
주문할 확률이 높다.

CHAPTER 20
스마트 앱으로 만들기

- Google play Store 또는 App store에서 '엠블록'을 스마트폰기기에 설치해보자.
- 스마트기기에서 엠블록을 실행하여 간단한 인공지능 프로그램을 만들어보자.

1 엠블록 스마트 앱 설치하기

① google play store에서 'mBlock' 검색 화면

② App store에서 'mBlock' 검색 화면

2 엠블록 앱 실행하고 회원가입하기

- 엠블록 어플의 원활한 사용을 위해서는 회원가입이 필요하며 아래 절차를 통해 가입할 수 있다.
- 왜 회원가입이 필요한가요?
  (소스 코드를 저장한 뒤 PC로 불러오기 위해서는 개인 계정이 필요하다.)

① 왼쪽 상단에 사용자 계정 버튼을 클릭한다.

② 등록하고자 하는 이메일을 입력한다.

③ 나이를 선택한다.

④ 보호자 동의 버튼을 클릭한다.

⑤ 개인정보 보호정책 동의(agree and continue)를 클릭한다.

⑥ 설정할 비밀번호를 입력한다.

⑦ 회원가입이 완료되면 왼쪽 상단에 캐릭터가 생성
된다.

⑧ 코딩 버튼 클릭을 한 뒤 작품을 만들어보자.

3 인공지능 소개하기

모바일용 코드 블록은 엠블록 어플에서만 추가할 수 있는 코드이다. 스마트폰과 태블릿
기기에 내장된 센서인 터치 스크린, 기울기 센서 등을 이용하여 코드를 만들 수 있도록 구
성되어있다. 손가락으로 화면을 터치할 경우, 위·아래·왼쪽·오른쪽으로 화면을 터치할
경우, 화면을 여러 방향으로 기울였을 경우, 손으로 화면을 터치하고 있는 경우 등의 상
황에 맞게 코드를 사용할 수 있다. 모바일용 코드 블록을 추가하고 각 코드의 기능을 살
펴보자.

■ 모바일용 코드블록 확장 코드로 생성하기

① 스프라이트를 클릭한 뒤 왼쪽 아래의 확장 버튼을 클릭한다.

② Blocks for mobile을 다운로드 후 추가하기 버튼을 클릭한다.

③ 모바일 전용 코드가 생성된 것을 확인할 수 있다.

- 모바일용 코드블록 들의 기능을 알아보자.

코드 블록	기능 설명	비고
when finger slides up ▼	기기를 쓸어올리며 터치했을 때	up 옵션을 'down', 'left', 'right'로 변경하여 터치 방향을 다양하게 구성할 수 있다.
when phone shaken	기기를 흔들었을 때	
when phone tilted up ▼	기기를 위쪽으로 기울였을 때	up 옵션을 'down', 'left', 'right'로 변경하여 기울기의 방향을 다양하게 구성할 수 있다.
when finger press ▼	기기의 화면을 누르고 있을 때	press 옵션을 release로 바꿔 화면을 누르지 않는 경우도 설정할 수 있다.
phone upward ▼ 's tilt angle	기기의 위쪽 방향으로 기울어진 각	왼쪽의 체크박스에 체크를 하면 각도를 미리보기 화면으로 볼 수 있다.
finger slides up ▼ ?	기기를 위로 쓸며 터치했는가?	방향을 다르게 설정할 수 있다.
phone shaken ?	기기를 흔들었는가?	
phone tilted up ▼ ?	기기를 위로 기울였는가?	방향을 다르게 설정할 수 있다.
finger press ▼ ?	기기를 손으로 누르고 있는가?	press 옵션을 release로 바꿔 화면을 누르지 않는 경우도 설정할 수 있다.

- 같은 방법으로 'Text to speech' 확장 블록을 추가해보자.

4   인공지능 따라하기

 모듈 ①   위로 쓸며 터치했을 때 스프라이트가 움직이게 하기

• 화면을 위로 쓸며 터치하면 스프라이트가 위쪽으로 10만큼 움직이게 한다.

📝 TRY IT

• 쓸며 터치한 방향으로 스프라이트가 움직이도록 바꿔보자.

• 여러 방향으로 움직일 수 있게 코드를 추가하여 구성한 뒤 움직여보자.

• 스프라이트를 기울였을 때 스프라이트가 움직이도록 바꿔보자.

모듈 ② 화면을 터치했을 때 색깔 효과 바꾸기

• 화면을 터치할 때마다 색깔을 25값 만큼 바꾸도록 한다.

TRY IT

• 기기를 흔들었을 때 색깔을 바꿔보자.

• 기기를 기울였을 때 색깔을 바꿔보자.

• 슬라이드 터치 방향을 위, 아래, 왼쪽, 오른쪽으로 바꿔 실행해보자.

• 슬라이드를 터치했을 때 스프라이트 크기를 바꿔보자.

5 인공지능 실험하기

▶ 이미지 인식 결과를 말하는 인공지능 만들어보기

• 엠블록 어플의 확장탭 기능을 활용하여 인공지능 기술을 사용해보자.

스프라이트를 선택하고, 화면 왼쪽 아래를 보면 '확장' 기능을 볼 수 있다. 이 버튼을 클릭하면 다양한 확장 기능을 사용할 수 있다.

┃ 인식 서비스 확장 블록 생성하기

① '확장'을 클릭한 뒤 인식 서비스 기능을 다운로드해보자.

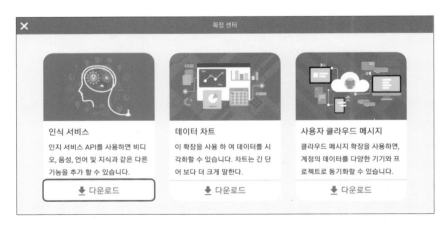

② 다운로드 후 '추가' 버튼을 클릭하여 확장 블록을 추가해보자.

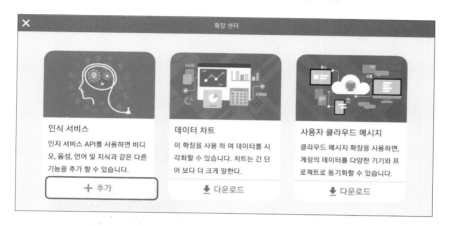

③ 'AI' 탭이 생성되고 다양한 확장 블록이 생성되었음을 확인할 수 있다.

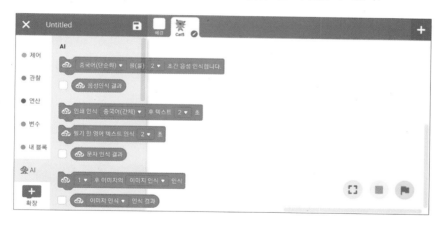

2 이미지 인식 결과를 말하는 인공지능 만들어보기

이미지 인식을 사용하여 주변 사물, 인물을 인식하는 간단한 프로그램을 코딩해보자. 이미지 인식을 말하는 프로그램을 만들기 위해서는 어떤 코드 블록이 필요할까? 간단한 몇 개의 코드를 사용하며 이미지를 인식하여 말하는 프로그램을 만들 수 있다.

① 아래 코드를 사용하여 이미지 인식을 말하는 프로그램을 코딩해보자.

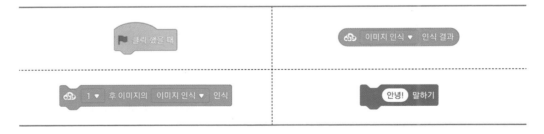

② 스프라이트를 선택한 뒤 아래와 같이 프로그램을 코딩해보자.

③ 코드를 클릭하면 인식창이 뜨면서 인식을 시작한다.

④ 대상을 인식시킨 뒤 인식 결과를 확인해보자. (이미지 인식의 정확도를 높이려면 어떻게 해야 할까? 인식시키는 시간을 3초로 늘려본 뒤 인식시켜보자.)

⑤ 스프라이트를 확대하여 확인해볼 수 있다. 다른 대상도 인식시킨 뒤 인식 결과를 확인
해보자.

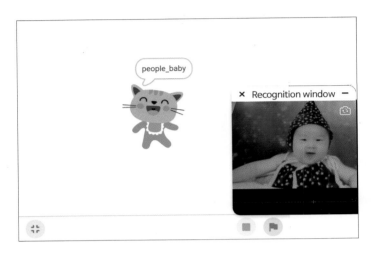

▶ 나비와 인사하기

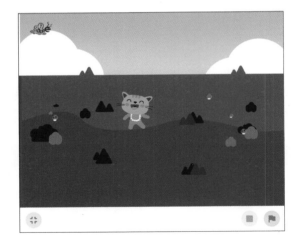

스마트 기기를 기울이는 방향으로 나비를 움직이게 해 고양이와 인사를 나누는 프로그램
을 만들어보자.

1 텍스트 음성 변환 블록 생성하기

① '확장'을 클릭한 뒤 'Text to Speech'를 추가해보자.

② '텍스트 음성 변환' 탭이 생성되고 다양한 확장 블록이 생성되었음을 확인할 수 있다.

2 스프라이트 추가하기

① 게임을 하기 위해서는 나비 스프라이트와 고양이 스프라이트와 숲속 배경이 필요하다. 스프라이트 추가 버튼을 클릭해 나비 스프라이트, 고양이 스프라이트, 숲속 배경을 추가해보자.

② + 버튼을 클릭하면 스프라이트 저장소 창이 열린다.

③ 동물 탭에서 'Cat5' 스프라이트를 클릭하여 추가한다.

④ 스프라이트 저장소에서 'Butterfly1'을 추가한다.

⑤ 배경 추가 버튼을 클릭한다.

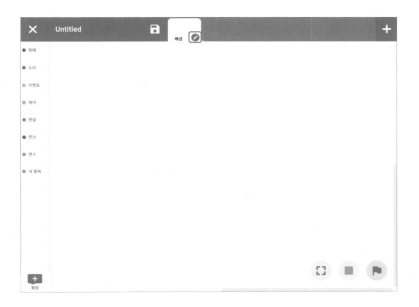

⑥ 기본 배경 옆에 추가하기 버튼을 클릭한다.

⑦ 자연 탭에서 'Grassland'를 클릭하여 추가한다.

⑧ 기본 배경을 삭제하여 숲속 배경만 남도록 한다.

3 나비 스프라이트의 첫 번째 코드 구성하기

① 스마트폰을 각 방향으로 기울였을 때 나비가 모양을 바꾸면서 움직일 수 있는 코드를 구성해보자. 스마트폰을 각 방향으로 기울였을 때 사용해야 하는 블록 코드는 무엇일까?

기기를 위로 기울였을 때 동작하는 `when phone tilted up ▼` 블록을 사용해보자.

STOP 아이폰에서는 `when phone tilted up ▼` 블록과 `when phone shaken` 블록을 지원하지 않는다.

② 기기를 기울였을 때 움직이면서 모양을 바꾸게 하려면 어떻게 해야 할까?

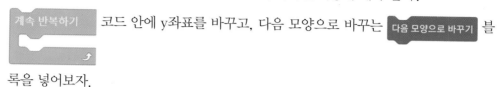 코드 안에 y좌표를 바꾸고, 다음 모양으로 바꾸는 다음 모양으로 바꾸기 블록을 넣어보자.

추가할 코드	완성된 코드
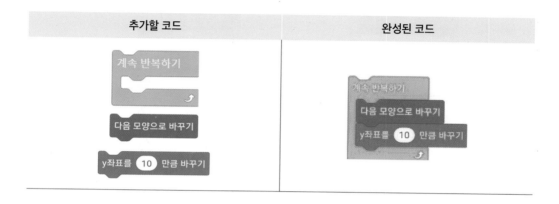	

③ when phone tilted up ▼ 블록으로 기기가 위로 기울여졌을 때 작동하도록 해보자.

추가할 코드	완성된 코드
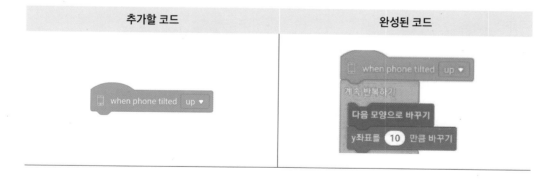	

④ 마지막으로 고양이(Cat5)에 닿으면 스크립트가 정지하도록 코드를 구성해보자.

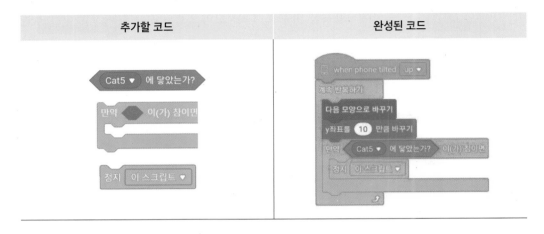

⑤ 나비가 각 방향으로 기울여졌을 때 움직이게 하려면 어떤 블록들을 추가해야 할까? 위에서 완성된 블록에서 일부분의 블록만 수정하면 나비가 각 방향으로 움직이도록 할 수 있다.

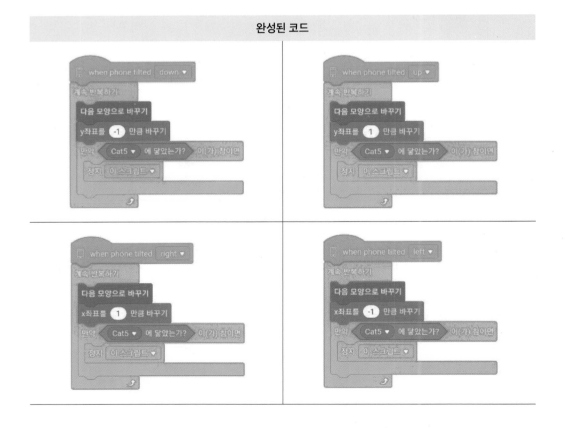

자이로 센서란?
물체의 방위 변화를 인지하여 물체의 중심을 잡아주는 역할을 한다.
자이로(Gyro)는 라틴어로 회전한다는 의미가 있다. 회전하는 물체의 회전각을 측정하는 센서이다. 자이로
센서를 활용한 제품에는 드론, 가상현실(VR), 퍼스널 모빌리티(Personal Mobility), 스마트폰 등이 있다.

4 나비 스프라이트의 두 번째 코드 구성하기

① 나비 스프라이트가 [클릭 했을 때] 일정한 위치(X:−200, y:150)에서 시작하도록 해보자.

② 나비 스프라이트가 고양이에 닿으면 "당신의 이름은 무엇입니까?"를 물어보고 답을
기다리게 해보자.

추가할 코드	완성된 코드

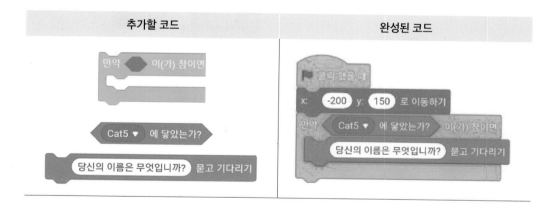

③ 이름을 묻고 기다린 후에는 고양이 스프라이트에 방송하도록 구성해보자. 방송하기 코드를 가져오고 새 메시지에 '인사'를 추가하여 만들어보자.

추가할 코드	완성된 코드
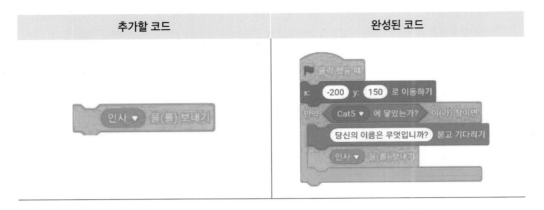	

④ 고양이에게 닿을 때까지 코드가 계속 실행해야 하므로 계속 반복하기 코드를 추가하여 완성해보자.

추가할 코드	완성된 코드
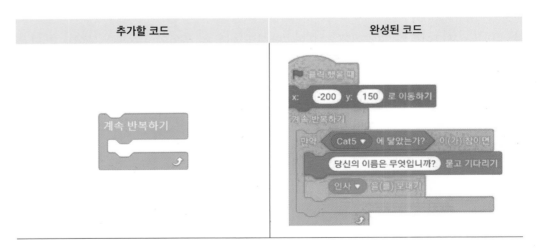	

5 고양이 스프라이트의 코드 구성하기

① 고양이 스프라이트는 나비 스프라이트에서 방송을 보내면 실행하도록 코드를 구성해야 한다.

② 인사를 받았을 때 한국어로 말하는 코드를 구성해보자.

추가할 코드	완성된 코드
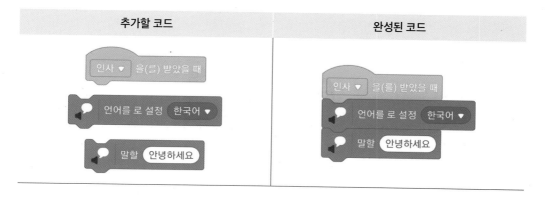	

③ 결합하기 코드를 이용하여 대답 내용을 구성해보자.

추가할 코드	완성된 코드
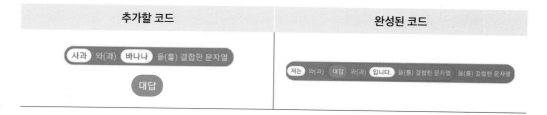	

④ 결합하기 코드를 텍스트 인식 코드에 삽입하여 스크립트를 완성해보자.

6   인공지능 개발하기

(1) 감정을 인식하여 감정을 이야기해주는 프로그램

┌──┐
│ 💬   이렇게 해봐요!

- 슬라이드를 위로 올리면 감정인식을 시작하도록 해봐요.

- 인식창이 뜨고나면 사람의 표정을 2초 동안 인식해요.

- 감정을 인식하면 감정인식 결과를 말해줘요.
  (감정이 '행복'이면 "행복해요", '놀람'이면 "놀랐어요", '화남'이면 "화났어요"

- 다양한 표정을 지어보며 감정인식 결과를 확인해봐요.

스프라이트	사람 캐릭터(girl12)
배경	조명(Light)

	사용 블록	기능 설명
①	when finger slides　up ▼	1. 자신이 원하는 스프라이트를 선택하고 불러온다. 2. ① 블록을 사용하여 시작 신호를 정한다. 3. 시작 신호 뒤에 ② 블록을 이용하여 감정을 인식하도록 한다. 4. ⑥ 블록과 ② 블록을 사용하여 조건 신호를 만든다. 5. ④ 블록과 ⑤ 블록을 사용하여 말하기 동작을 만든다. 6. 이 과정을 여러 개 만들어 다양한 감정(행복, 놀람, 분노 등)일 때 각각 다른 말을 하도록(행복해요, 놀랐어요, 화났어요 등) 구성한다.
②	감정 인식　2 ▼　초	
③	감정이　행복 ▼　입니까?	**<예시 답안>**
④	음성을 로 설정합니다.　알토 ▼	
⑤	말할　행복해요	
⑥	만약　◆　이(가) 참이면	

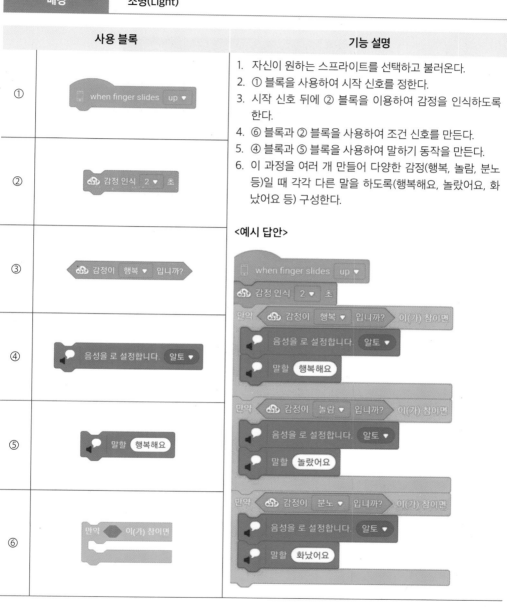

스마트 기기의 기울기 감지를 이용하여 엠블록의 코드를 작동시켜 보았다. 기울기 감지를 이용하여 간단한 미션이 있는 게임을 만들어보자.

기울기의 방향에 따라 스프라이트가 움직이고 장애물을 피해 목적지에 도달하는 목표를 가진 게임을 만들어보자.

🖼 프로그램 조건

1. 기기를 기울이는 방향으로 강아지 스프라이트가 움직이게 한다.
2. 우주복 강아지 스프라이트가 태양 스프라이트를 피해 고기에 도달해야 한다.
3. 강아지 스프라이트가 태양에 닿으면 '뜨거워요'라고 말하게 한다.
4. 강아지 스프라이트가 고기에 닿으면 '도착했습니다'라고 말하게 한다.

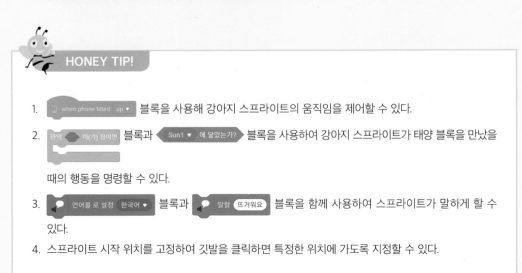

🐝 HONEY TIP!

1. `when phone tilted up` 블록을 사용해 강아지 스프라이트의 움직임을 제어할 수 있다.
2. `만약 ◆ 이(가) 참이면` 블록과 `Sun1 에 닿았는가?` 블록을 사용하여 강아지 스프라이트가 태양 블록을 만났을 때의 행동을 명령할 수 있다.
3. `언어를 로 설정 한국어` 블록과 `말할 뜨거워요` 블록을 함께 사용하여 스프라이트가 말하게 할 수 있다.
4. 스프라이트 시작 위치를 고정하여 깃발을 클릭하면 특정한 위치에 가도록 지정할 수 있다.